Monika Finger
ANGEKOMMEN

AF210999

Umschlaggestaltung: Daniel Finger,
unter Verwendung eines Fotos von Reinhard Eisele

© Monika Finger, Berlin, 2002
Alle Rechte bei der Autorin

Herstellung: Books on Demand GmbH, Norderstedt
ISBN 3-8311-3600-9

Monika Finger

ANGEKOMMEN

Eine Reise durch die Welt der Esoterik

Die Autorin

Monika Finger, geb. 1939, ist vielen esoterisch Interessierten
wohl bekannt aus ihrer Zeit als Inhaberin des Berliner
Seminarzentrums „Der Edelstein" und durch Berichte in
Funk und Fernsehen.
Als Lebensberaterin rät sie allen, die sich der Esoterik
nähern, sich von ihr inspirieren, aber nicht abhängig machen
zu lassen.

Vorwort

Kennen Sie jemanden, der rund um die Uhr einen mit Steinen gefüllten Rucksack mit sich herumschleppt? Oder jemanden, der sich ausschließlich von Reis und Tunfisch ernährt? Aus spirituellen Gründen? Wenigstens jemanden, der das Pendel darüber befragen möchte, ob er das Pendel weiterhin befragen darf? Nein?

Dann sollten Sie unbedingt dieses Buch lesen, das neben einer ganz persönlichen Geschichte viele Begegnungen der dritten, vierten und fünften Art enthält. Seine Handlung beginnt in den achtziger Jahren und reicht bis in die allerjüngste Vergangenheit. Es spielt also in der Zeit, in der die Esoterik sich in der breiten Masse durchgesetzt hat. In der sie von den Hinterzimmern in die Vorzimmer, Kinderzimmer, Schlafzimmer, Küchen, Sitzungs- und Vereinsräume gelangt ist.

Und dass sie dort angekommen ist, wer wollte das bezweifeln? Aura, Soma und Shiatsu finden sich in jeder Frauenzeitschrift. Kein Top-Manager lacht den anderen mehr aus, wenn er von Kinesiologie und Samadhi Tanks erzählt. Und bald wird es in skandinavischen Möbelhäusern Ecken mit speziellen Feng Shui Produkten geben, da bin ich mir sicher.

Ich wünsche Ihnen viel Spaß beim Lesen und möchte Ihnen zur Lektüre noch einen Rat geben, den man in esoterischen Büchern selten findet: Lernen Sie einfach nichts, wenn Sie nicht wollen.

Daniel Finger
Berlin, 12. Februar 2002

An einem sonnigen Märzmorgen im vorigen Jahrtausend erwachte ich mit dem Gefühl, dass ich nicht mehr aufzuhalten sei. Nicht aufzuhalten, meinem Ziel, das noch keinen Namen hatte, entgegenzugehen.

Mein Aufbruch zu einem neuen Lebensabschnitt hatte begonnen.

Jetzt, mit dem nötigen Abstand, möchte ich meinen Blick noch einmal auf die zurückliegende, so wichtige Epoche meiner Orientierung und Selbstfindung richten. Sie war eng verknüpft mit einer Szene, einer Bewegung, die sich anfangs jahrelang in Hinterzimmern und kleinen Buchläden entfaltet hatte, der Ex-Sanyassins, Akupunkteure und Meditierende angehörten und Pilger, die auf ihren Rucksacktouren durch Indien oder Tibet von der Mystik ergriffen wurden und die hier nun versuchten, das wiederzufinden, was sie dort für Momente oder gar Monate glaubten gefunden zu haben. Dies geschah wohlgemerkt, noch bevor die Esoterik zu ihrem Namen kam und sich eine kleine Zahl Suchender in eine gewaltige Zahl kaufender Geister gewandelt hatte.

Da ich mich für keine religiöse, philosophische oder mystische Tradition dieser Bewegung interessierte, begegnete ich dieser zunächst kleinen, unorganisierten Geheimgesellschaft unwissend und unvorbereitet auf der Suche nach verlorener Ge-

sundheit, nicht auf der Suche nach einer oder meiner verlore-
nen Seele. Und bis heute habe ich nicht den alles relativieren-
den Jüngerblick vieler sich esoterisch Bewegender und esoterisch Bewegter angenommen, die einem tagtäglich auf den vom
Pauschaltourismus ausgetretenen Pfaden zur Erleuchtung begegnen.

Das Erleben dieser für mich neuen Welt, über das ich aus
meiner Randposition berichten möchte, ist aus dem – das gebe
ich gern zu – etwas Abstand haltenden Blickwinkel eines Menschen wahrgenommen worden, der nicht sein ganzes Leben und
seine ganze Erfahrung über Bord geworfen hat, als er diesem
gewaltigen *Circus illuminatus* beitrat. Mein Bericht handelt von
Pilgern und den Erleuchteten der Bewegung, von selbsternann-
ten und anderen. Es sind Geschichten über das, was wir, die
wir uns in diesem Kreis bewegen, denken und fühlen, hoffen
und fürchten, sagen und verschweigen, tun und unterlassen.
Es sind Geschichten zum Schmunzeln und zum laut Loslachen,
aber auch solche, bei denen sich dem Leser ein ernsthaftes Stirn-
runzeln aufdrängt. Mir ist klar, dass sich meine Schilderung
auf eine subjektive Darstellung meiner Erlebnisse beschrän-
ken sollte. Deshalb erhebt sie auch keinen Anspruch auf ein
objektives Urteil über meine Lehrer oder meine esoterischen
Freunde und Weggefährten. Natürlich fehlen dabei Beobach-
tungen am Rande nicht, wie z.B. diese, dass der private Le-
bensstil berühmter Heiler oder hellsichtiger Berater so unendlich viel tiefer blicken lässt, als der von ihnen in Seminaren und
Sitzungen vorgetragene Wissensvorrat. Ich hoffe, es gelingt mir
ein wenig, die teils wunderbaren und wunderlichen Menschen
und Geschehnisse so zu schildern, dass sich Irritation und Sym-
pathie die Waage halten. Um es gleich vorwegzunehmen: Ja,
neben all dem Treiben der Scharlatane, der Übersinnlichen und
der Wohlmeinenden und bei der Masse der Wahrheit Kaufen-

den und Verkaufenden – es gibt sie, die Perlen unter den spirituellen Menschen und erstaunlicherweise gar nicht so selten, wenn auch in weit geringerer Zahl, als der Anspruch der Bewegung es einem weißmachen will.

Etliche von diesen und von jenen tauchen im Laufe der Lektüre auf. Ihre Namen jedoch und die Orte, aus denen sich leicht Rückschlüsse auf reale Personen ziehen ließen, sind geändert. So werden die Glanzvollen nicht bestürmt und die weniger Glanzvollen nicht allzu sehr gebeutelt.

DIE HEILPRAKTIKERIN

Die Geschichte beginnt im Jahre 1983 vor der Tür einer Heilpraktikerin, die mir als Wunderheilerin empfohlen wurde und die ich aufsuchte, weil sie mir in meiner Krankheit und Verzweiflung als rettender Strohhalm erschien. Allein die Tatsache, mit so einem „Wunderdoktor" einen Termin zu verabreden, fand ich unglaublich mutig. Denn jeder, der kein Mediziner war und dennoch vorgab zu heilen, kam mir damals suspekt vor. Von Esoterik oder ähnlichen Dingen hatte ich überhaupt noch nie gehört. Gespannt wartete ich also auf diese „Wunderheilerin" und überlegte mir, wie sie wohl aussehen mochte. – Meine Großmutter hatte oft von Zigeunern und Hexen im Zusammenhang mit Wundern gesprochen. Ich war also überaus gespannt.

Nachdem ich geläutet hatte, öffnete sich die Tür und gab den Blick auf einen gemütlichen Raum frei, in dem ich von einer ganz normalen Sprechstundenhilfe begrüßt wurde. Während ich wartete, erklang von irgendwoher leise Musik. Als die Heilpraktikerin mich schließlich herein bat, war ich einigermaßen enttäuscht, denn sie sah weder wie eine Hexe noch sonst irgendwie

9

eigenartig aus. Auf den ersten Blick fiel mir eigentlich nur auf, dass sie sich weit mehr Zeit für ihre Patienten nahm, als die mir bekannten, üblichen Ärzte und das, obwohl mehrere Patienten warteten. Es war verblüffend, wie viel Zeit sie zu haben schien. Sie erweckte in mir das Gefühl, sie würde sich genau so viel Zeit lassen, wie ich benötigte.

Ihre äußere Erscheinung, die ich genauestens in Augenschein nahm, wirkte wie die einer Geisha, die auf leisen Sohlen dahinschwebt, stets ein gütiges Lächeln im Gesicht. Über diesem Lächeln saßen dunkle, wache Augen, die mich durchdringend ansahen. All dies nahm ich auf, als ich hinter ihr langsam zum Takt der Musik aus dem Wartezimmer schritt. Wir gingen durch eine Tür in das Behandlungszimmer, und ich musste die Routinefragen über mich ergehen lassen, die jeder Therapeut an neue Patienten stellt: Beschwerden, Kinderkrankheiten usw. Dann fragte sie mich nach der Einnahme von Tabletten, und das war die Frage, vor der mir graute. Ich überlegte. Ich überlegte angestrengt. Ob ich ihr wohl die Wahrheit sagen sollte? Denn es ging nicht um harmlose Kopfschmerztabletten, die ich einnahm, es ging um meine Beruhigungstabletten, von denen ich nicht einmal genau wusste, wie viel ich täglich davon schluckte, um das Leben zu meistern. Längst hatte ich aufgehört, darüber nachzudenken, ob ich nach dieser „LmA-Pille", wie ich sie fast liebevoll nannte, süchtig war oder nicht. Was, wenn sie fragen würde: Warum, wieso, weshalb? War ich bereit, einer wildfremden Frau diese Fragen zu beantworten? Wollte ich ihr Einblick geben? Einblick in mein Inneres? Konnte ich darauf überhaupt antworten? Wusste ich genau, wann alles begonnen hatte? Konnte ich mir eingestehen, dass mein Leben nur eine Fassade war, gut verpackt und durchorganisiert?

Ich überlegte schnell und entschied mich, nur die halbe Wahrheit zu sagen. Es war ein Wagnis. Aber ich dachte, sie könnte eine Lüge sowieso durchschauen. Angeblich konnte diese Frau ja Wunder vollbringen – und hellsehen. Auf meine Antwort hin sah sie mich lange und tief an. Dies tat sie weder abwertend noch aufmunternd, sie sah mir schlicht in die Augen. Dann forderte sie mich auf, meine Beruhigungspillen ab sofort nicht mehr zu nehmen. In meinem Kopf ging alles drunter und drüber. Wie ich das wohl machen sollte? Seit Jahren ging ich ohne meine Tabletten gar nicht mehr aus dem Haus.

Die Heilpraktikerin stellte u.a. Herzrhythmusstörungen bei mir fest, dennoch – wie dachte sie sich das eigentlich? Es war einfach, mir Medikamente zu verbieten, ohne zu wissen, welche Leistung mir im Berufsleben und im Privaten abverlangt wurde. Sie wusste nichts von all den Jahren, in denen ich mich aus meinem bürgerlichen Leben in die Welt meines Mannes hochgekämpft hatte. Als wir uns kennenlernten, war ich mit 21 gerade flügge geworden und er ein 23 Jahre älterer erfolgreicher Geschäftsmann aus bester Gesellschaft. Voller Liebe und Bewunderung schaute ich zu ihm auf. Ich träumte davon, eine gute Ehefrau und Mutter zu werden und gleichzeitig in der Geschäftswelt und in seinem Freundeskreis anerkannt zu sein. Ich wollte es schaffen, koste es, was es wolle. Und es kostete. Es kostete mich und meine Gesundheit. Beide waren wir dabei auf der Strecke geblieben. Davon hatte diese Heilpraktikerin ja keine Ahnung und konnte folglich auch nicht ahnen, was ein Verzicht auf die Tabletten für mich bedeuten würde. Ohne Tabletten wäre ich ein Wrack, ein nervöses Bündel. Schon bei der Begrüßung würden die Menschen meine Zerrüttung bemerken, meine zittrigen Hände. Meine nervösen Gesten würden das Image von Souveränität, das ich mir mühsam aufgebaut hatte, zerkrümeln lassen, das Image einer beeindruckenden Managerin von Geschäft und Familie. Einer Familie wie aus dem Bilderbuch: ein glücklicher Mann, eine zufriedene Frau und der wohl behütete Sohn, der mein Wunschkind, meine große Freude war. Jeder konnte sehen, wie ich in „Ruhe und Gelassenheit" mein Leben meisterte. Wie konnte sie mir diese Quelle meiner Selbstachtung und meines Stolzes, um die mich doch alle Welt beneidete, vergiften wollen? In zwanzig Jahren hatte ich mir einen Platz in der Gesellschaft und in der Businesswelt erobert, den ich nicht so mir nichts dir nichts räumen wollte. Der Gedanke, vielleicht einen fatalen Fehler gemacht zu haben, schlich sich nicht ein.

Sie gab mir den zweiten Termin und ich ging, den Kopf voll alter und neuer Probleme.

Zu Hause angekommen, breitete sich Enttäuschung in mir aus. Es war nichts anderes als ein Arztbesuch gewesen, bei dem der Arzt gesagt hatte: „Sie sollten unbedingt mit dem Rauchen aufhören." Sie war also doch keine Wunderheilerin. Ich fühlte mich noch kränker und in meiner Krankheit allein gelassen. Dennoch dachte ich oft über diese erste Begegnung nach. Sie ging mir einfach nicht aus dem Sinn. Fast kam es mir vor, als ob ihre Stimme mich ständig mahnte und tadelte, so, als hörte ich ihre Stimme in meinem Kopf, die mir zurief: „Nehmen Sie diese Tabletten nicht, nehmen Sie diese Tabletten nicht!" Und natürlich wollte ich diese Tabletten eigentlich nicht mehr nehmen, doch war die Sucht so stark, dass ich daran fast verzweifelte. Lieber Gott, hilf mir, sagte ich mit innerer Stimme, wie ich es immer tat, wenn ich in Not war. Und da fiel mir auf einmal wieder ein, wie ich als kleines Kind meine über alles geliebte Großmutter fragte, ob sie wisse, ob es denn einen lieben Gott wirklich gäbe. Ihre Antwort lautete damals: „Einen lieben Gott? Ich weiß es nicht. Aber irgend jemand oder irgend etwas hält immer seine schützende Hand über uns. Aber wenn es wirklich der liebe Gott sein sollte, beschützt er sicher alle Menschen auf der ganzen Welt." In meinem Kopf vereinigten sich der liebe Gott, meine Großmutter und die fortlaufend mahnende Stimme der Heilpraktikerin zu einer seltsamen Komposition. Wie auf einem Karussell kreisten meine Gedanken immer wieder in meinem Kopf: „Nehmen Sie diese Tabletten nicht." Wie stellt sie sich das denn vor? Irgend jemand hält seine schützende Hand über uns. Nehmen sie diese Tabletten nicht. – Was auch immer das Ausschlaggebende gewesen sein mag, heute steht fest: Ich habe seit damals keine einzige der Tabletten mehr genommen. Und wenn sie mich fragen, dann halte ich dies für ein echtes Wunder. Ich weiß nicht, ob Sie Skeptiker sind oder welche Kriterien Sie für Wunder haben, doch ein Ergebnis, welches unerreichbar scheint und das sich dann doch einstellt, das einem Menschen die Gesundheit und vielleicht, ja, ganz sicher sogar, das Leben rettet, bin ich nicht bereit, anders zu nennen.

Mein Leben wurde anfangs allerdings noch chaotischer, denn ich hatte mit Entzugserscheinungen zu kämpfen. Ich kann mir heute ebenso wenig wie damals erklären, woher ich so viel Kraft nahm, den Beschwerden zu widerstehen, und ich konnte mir auch nicht vorstellen, woher die innere Stimme kam, die immer noch da war und mich drängte, die Pillen auf keinen Fall wieder zu schlucken. Aber das Entscheidende war: Die Stimme war da. Beinahe so, als hätte man sie mir eingepflanzt. Das Ringen mit meiner Sucht trug allerdings nicht unbedingt zu meiner psychischen Stabilität bei und so besserte sich mein Gesundheitszustand nicht merklich.

Als ich zum zweiten Mal im Behandlungszimmer der Heilpraktikerin saß, nahm sie eine große Liste mit meinen Blut-
werten, um mir mitzuteilen, dass ich eher tot als lebendig wäre.
Sie formulierte es netter, aber das Resultat blieb das gleiche.
Sie gab mir einige Medikamente und gute Ratschläge. Auch
das kannte ich von herkömmlichen Ärzten. Und dann war unser Termin beendet. Aber, obwohl ich innerlich vollkommen
zerrüttet in die Praxis gekommen und obwohl ich enttäuscht
war, wieder nur mit Mittelchen und Mahnungen abgespeist
worden zu sein, legte sich eine Ruhe, eine unglaubliche Ruhe
auf mich, als ich die Praxis verließ. Ich konnte es damals kei-
nesfalls beschreiben, aber irgend etwas in mir veränderte sich.
Etwas, das mich ruhiger und gelassener werden ließ. Etwas,
das in der Folge dazu führen würde, dass ich nach langer Zeit
endlich wieder in der Lage wäre, meine Gedanken und daran
anschließend hoffentlich (auch ohne Tabletten) mein Leben zu
ordnen. Ich weiß nicht, wie diese Frau das damals zustande
brachte. Aber ich bin heute fest davon überzeugt, dass sie mir
das Leben gerettet hat. Das Wie darf ihr Geheimnis bleiben.

Von nun an besuchte ich sie regelmäßig. Sie war *meine* Heilpraktikerin geworden. Anfangs allerdings konnte ich kaum eine
gesundheitliche Veränderung an mir erkennen. Ich dachte,
„Wunderheiler" beseitigten Krankheiten sofort. Damals sah ich
das Wunder schlichtweg noch nicht. Das blieb auch noch so in
den folgenden Wochen, als ich langsam Vertrauen zu ihr fasste.
Was hatte ich denn eigentlich erwartet? Heute weiß ich nicht,
was es mehr überhaupt hätte geben können. Damals war ich
oft soweit, dass ich mein Leben fortwerfen wollte. Ich fuhr über
zahlreiche Brücken, immer mit dem Gedanken, ob ich wohl
hinabspringen sollte. Aber Gott oder wem auch immer sei Dank,

dass ich zu feige war. Damals war mein Sohn, den ich liebte und der mich brauchte, das Einzige, was mich am Leben hielt, das Einzige, das mein Leben noch lebenswert machte.

Inzwischen hatte meine Lebenskrise eine neue Dimension erreicht. Längst war die Bewunderung für meinen erfolgreichen Mann einer realistischen Einschätzung seiner und meiner Qualitäten gewichen, gesellschaftliche Verpflichtungen und Anerkennung bedeuteten mir nichts mehr und Freunde, wirkliche Freunde gab es wenige. Nichts war, wie ich es mir erträumt hatte. Die Realität verdrängte meine Träume. Kein Erfolg, kein Geld konnten diese Unzufriedenheit mehr unterdrücken. Krankheit hatte sich eingeschlichen. Operationen, Krebsverdacht waren Auslöser, die vieles, nicht nur in Gedanken, ins Rollen brachten. In einem verzweifelten Überlebensakt beendete ich meine Ehe, die schon längst keine mehr war, und damit auch meine geschäftliche Existenz.

Chaos, reines Chaos, ich musste neu beginnen.

BEGEGNUNG MIT DER ESOTERIK

So wurde der Besuch bei meiner Heilpraktikerin wichtiger als je zuvor. Sie empfahl mir sehr ein Seminar, das sich mit Gesundheit und Heilung befasste, und ich entschloss mich zur Teilnahme, in der Annahme, dass sie die Veranstaltung leitete. Sie sprach von Selbstheilung und sagte, dass ich wieder zu mir finden müsste und vieles mehr, das mir unklar blieb. Das war mir aber auch nicht so wichtig, entscheidend blieb, dass ich mich wohl bei ihr fühlte. Sie gab mir die nötige Ruhe, und das allein zählte für mich. Ich sagte also zu und bereute es sogleich wieder. So ein Seminar bedeutete auch, mit vielen Menschen zusammenzukommen, und danach stand mir nicht der Sinn.

Möglicherweise musste man dort auch offen über die eigenen körperlichen und seelischen Probleme sprechen. Für mich damals eine unmögliche, indiskutable Vorstellung. Da ich aber auch nicht den Mut besaß, meine Zusage rückgängig zu machen, ging ich zum vereinbarten Termin tatsächlich hin. Die Angst vor den fremden Menschen beschäftigte mich tagelang vorher. Eine Angst, die sich ohne die LmA-Pille ausbreiten konnte. Angst aus dem Innersten meiner Seele, ohne Wissen woher und wovor. Ich kam mir vor wie eine verängstigte Maus, auf die die Katze lauert. Als ich schließlich den Seminarraum betrat, wusste ich es besser – die Katze war ein Tiger.

Wo war ich nur hingeraten? Alle Teilnehmer lagerten am Boden. Kopfhörer lagen herum. Die Menschen waren heiter und offenbar guter Dinge. Ich überlegte kurz, ob ich sofort wieder gehen sollte. Aber da hatte mich meine Heilpraktikerin Frau Heiland schon erblickt. All diese Menschen, all diese fröhlichen Verbindlichkeiten, meine Angst steigerte sich. War ich etwa in die Hände einer obskuren Sekte geraten? Sekten, man hatte es ja schon gehört und gelesen, haben mit Gehirnwäsche und geistiger Entrückung zu tun. Niemand wusste Genaues, und so war es gut, einen weiten Bogen um solche suspekten Gruppierungen zu machen. Mir wurde flau im Magen. Das hier war so gar nicht meine Welt. Doch bevor ich dem Impuls, wieder zu gehen, nachgeben konnte, war meine Heilpraktikerin schon bei mir, begrüßte mich, erfreut, dass ich erschienen war. Nur ihr Lächeln hielt mich zurück. – Wieder war es eine Kleinigkeit, die sie tat, die mein Leben von Grund auf verändern sollte. Eine Kleinigkeit, für die ich ihr danke.

Als das Seminar begann, stellte ich verwundert fest, dass an Stelle meiner Heilpraktikerin ein junger Mann, Mitte zwanzig, das Gespräch eröffnete und sich als Seminarleiter vorstellte. Ich war enttäuscht und ängstlich und kam mir viel zu alt vor, um mich von so einem „unreifen Jüngelchen" belehren zu lassen. Was konnte der mir schon erzählen? Schließlich hatte ich ja unendlich viel mehr Lebenserfahrung als er in seinem Alter haben konnte.

Er sprach über das Thema Gesundheit als Alternative zur Krankheit, von einer ominösen Aura, von Blockaden und Krankheiten, die wir uns suchten, gewissermaßen als Ausrede, um nicht gesund sein zu müssen. Na, da kam mir der grüne Junge, der sich Ted nannte, gerade recht. – Aber ich war mal wieder zu feige, um etwas zu sagen. Ich war froh, als der Einführungsabend vorbei war. Lange überlegte ich, ob ich mir wohl für den nächsten Tag eine Ausrede einfallen lassen sollte, aber ich tat es nicht. Ich beschloss, vor allem mit Rücksicht auf meine Heilpraktikerin, die weiteren zwei Tage durchzustehen.

Das Seminar sollte am folgenden Tag um zehn Uhr beginnen. Als ich von der Parkplatzsuche schweißgebadet zwei Minuten vor zehn den Raum betrat, waren kaum Teilnehmer und kein Seminarleiter weit und breit zu sehen. Auf mein fragendes Gesicht hin wurde mir erklärt, dass „wir" nie so pünktlich anfangen würden, denn eine gewisse Lockerheit gehöre eben dazu. Hatten diese Leute noch nie etwas von Zucht und Ordnung gehört? Wieder war ich irritiert. Eine halbe Stunde später etwa hatten sich so langsam alle eingefunden. Jetzt wurden viele Ursachen von körperlichen Krankheiten im Zusammenhang mit Lebensumständen und deren Wirkung auf die Psyche besprochen. Ich verstand nur wenig oder gar nichts – oder wollte ich nicht verstehen?

Ich war froh, als es in die Mittagspause ging, in der ich mit meinem Sohn verabredet war. Er sollte mich vom Seminar abholen. Das gab mir die Gewissheit, dass er eine warme Mahlzeit bekam und ich nicht so einsam in der Menge sein würde.

17

Dieser Ted war so ruhig, fröhlich und selbstsicher, das irritierte mich. Heute sehe ich, dass ich bei ihm all das erkannte, was mir selbst fehlte. Und das machte mich unsicher. Damals reagierte ich darauf nur mit Ärger und Wut. Ich hoffte, dass mein Sohn auch feststellen würde, was für ein komischer Typ das wäre.

Am Vormittag des zweiten Tages wollte uns der junge Mann tatsächlich weiß machen, dass wir an unseren Krankheiten selbst schuld seien. Wieder dachte ich an meine Großmutter, die immer sagte: Jeder ist seines Glückes Schmied. Sonst verstand ich von allem wenig und schon gar nicht die Ansicht, dass einzig und allein ich selbst für mein Leben verantwortlich sein sollte oder etwa, wie ich mein Leben besser gestalten und besser nutzen könnte. – Oh, dachte ich, so etwas kann nur ein unerfahrener Junge sagen, der nicht meine Erfahrungen gemacht hat – einer, der die Welt nur in der Theorie kennt und noch Illusionen im Kopf hat. Die wirkliche Welt, die Welt, wie ich sie täglich erlebte, sah ganz anders aus. Wieder war ich froh, dass ich in der Mittagspause mit meinem Sohn verabredet war. Sie verlief allerdings anders als erwartet, da sich mein gerade vierzehnjähriger Sohn gleich interessiert und begeistert auf ausführliche Gespräche mit anderen Teilnehmern einließ und im Gegensatz zu mir ausgelassen und froh erschien.

Wenigstens war so das Seminar nicht vollends für die Katz, dachte ich. Sogar mit Ted verstand er sich auf Anhieb. Angeregt unterhielten sie sich über verschiedene Thesen, die mein Sohn zwar ebenso anzweifelte wie ich, aber weitaus bereiter, sie zu überdenken. Ich schrieb es dem lockeren Umgang unter jungen Leuten zu, leichter Kontakt zu finden als alleinstehende Frauen in meinem Alter. Ted erlaubte ihm, für den Rest des Tages am Seminar teilzunehmen, und ich war froh darüber.

Der Nachmittag begann mit einem Vortrag über Kassetten und deren Rauschtechnik, die auch als Hemisphären-Synchron-Technik, entwickelt am Monroe-Institut in den USA, bekannt ist. Diese Rauschformen verschmelzen im Kopf zu dreidimensionalen Mustern und harmonisieren die Gehirnhälften – wurde uns erklärt. Körperliche Gesundheit, Steigerung der Aktivität und das Eintauchen in tiefere Bewusstseinsschichten wurden uns versprochen. Im Anschluss sollten wir gleich eine Kostprobe bekommen. – Oh, diese schrecklichen Kopfhörer, von denen ich nicht wusste, was sie von sich geben und mir für suspekte Dinge suggerieren würden! Voller Misstrauen dachte ich wieder an eine Sekte. Trotz meiner Angst setzte ich sie auf und werde wohl niemals vergessen, was ich in der darauf folgenden Dreiviertelstunde erlebte.

Die Kassette trug den Titel „Entscheidung". Die Musik und die leise hypnotische Stimme auf der Kassette stimmten mich traurig. Traurig, obwohl ich doch froh sein sollte, die Trennung vollzogen zu haben, die Trennung von meinem Mann, die mir die Aussicht, ein neues Leben zu beginnen, eröffnete. Ich fühlte mich von Gott und der Welt verlassen. – Gleich zu Beginn sollten wir uns eine Situation vorstellen, in der wir Angst empfinden würden. Ich geriet augenblicklich in Panik. Angst hatte ich ständig. In meiner Ehe hatte ich Angst, an der mir gestellten Aufgabe zu scheitern und das mir gesetzte Ziel nicht zu erreichen. Jetzt hatte ich Angst vor dem Alleinsein und vor der Zukunft. Nichts konnte ich besser und eindrücklicher in den Sinn rufen als Angst. Allein das Wort Angst ließ mich in Tränen ausbrechen. Ich war so von meiner Angst erfüllt, dass ich beinahe überhörte, wie Ted uns über die Kopfhörer mitteilte, wir sollten nun die Vorstellung eines freudigen Ereignisses in uns hervorbringen. Ich war schon lange nicht mehr fröhlich gewesen, und so klebte meine Angst weiter an mir.

Das Seminar nahm seinen Lauf und ich bemühte mich, wenigstens zuzuhören, wenn ich auch nichts verstand. Eigentlich wurde immer das Gleiche erzählt: Die Ursache für unser Krankheitsbild läge nur bei uns, und wir sollten in Verbindung mit unserer Psyche treten. Niemand müsse krank sein, wenn es für ihn günstiger wäre, gesund zu sein. Dies waren Sichtweisen, die ich nicht verstand. – Hörte ich da richtig? Wir müssen nicht krank sein, wenn wir nicht wollen? Ich verstand die Welt nicht mehr, natürlich wollte ich nicht krank sein. Aber es ging mir doch so schlecht und ich fühlte mich nun einmal sehr krank, obwohl ich lieber gesund wäre. Hier konnte irgend etwas nicht stimmen! Wollte dieser junge Bengel mir einreden, ich wollte krank sein? Ich, die immer bemüht war, für jedermann da zu sein, die sich nie ins Bett legte und trotz Krankheit immer ihre Arbeit erledigte, für die Familie da gewesen ist, und da wollte er mir einreden, ich würde meine Krankheit selbst produzieren! Besser gesagt, meine Seele oder meine Psyche würden das auslösen? Das war doch einfach lächerlich. – Ich sah in die Runde, weil es mir absolut unvorstellbar war, dass irgend jemand so etwas glauben könnte. Aber da offensichtlich niemand Einspruch erhob, blieb auch ich still.

Eine Weile konnte ich, in meinen eigenen Gedanken gefangen, den Ausführungen nicht weiter folgen. Dann sprach jemand davon, dass Ted hellsichtig sei. Wenn einer von Krankheiten sprach, die von der Seele oder der Psyche gewollt seien, konnte er bestimmt auch Gedanken lesen, schoss es mir durch den Kopf. Eine Teilnehmerin fragte: „Wenn du hellsehen kannst, kannst du dann sehen, was ich denke und fühle?" Diese Vorstellung schien ihr nicht angenehm zu sein und auch in mir war eine kolossale Verunsicherung, die mir fast die Luft nahm. Teds Antwort folgte prompt: „Es ist wie in einer großen Bibliothek, du nimmst dir nur das Buch, welches du lesen möchtest und die anderen, die dich nicht interessieren, lässt du stehen, obwohl du auch diese lesen könntest." Sie schien beruhigt, und ich fand langsam meine Luft zum Atmen wieder. Sicher war ich kein interessantes Buch und das beruhigte mich ein wenig.

Es wäre doch furchtbar, wenn jemand, den ich gar nicht kannte, sehen könnte, wie unvollkommen, ja geradezu mangelhaft ich war. In einer Welt voller vollkommener Menschen wäre es für mich, die sich so sicher nach außen zeigte, gefährlich, wenn jemand meine Gedanken und Ängste wie eine Zeitung lesen könnte. Keiner außer mir schien Ängste, Kümmernisse oder Probleme zu haben. – Die Anwesenden sprachen nur von Weiterentwicklung und Fortschritten. Meine Freunde strahlten immer über das ganze Gesicht, wenn ich sie traf, voller Zufriedenheit. Waren sie etwa nur gute Schauspieler? – Am letzten Tag des Seminars wurde über Energieblockaden gesprochen und darüber, wie sie entstehen. Vor allem darüber, wie man sie verhindern und beseitigen könnte. Wir müssten akzeptieren, hieß es, dass wir für unser Tun und Handeln allein verantwortlich wären. Genauso, wie für unsere Empfindungen. Ich wäre selbst für mein Leben verantwortlich und wenn man mich verletzt hätte, so hätte auch dies an mir gelegen. – Wie konnte das meine Sache sein, wenn andere mir weh taten und auf meinen Gefühlen herumtrampelten? Ich konnte es nicht verstehen. Dann wäre ich an so vielem schuld gewesen. An meiner gescheiterten Ehe, an meinen Krankheiten, obwohl ich doch nur Spielball anderer Menschen und eines üblen Schicksals war. – Der Vorschlag, die Verantwortung für all dies zu übernehmen, rief Wut, Trauer und Aggression in mir hervor.

Mein Sohn hingegen fand diese Vorstellung einigermaßen in Ordnung, stellte Fragen und schien den Sinn zu begreifen. Er beteiligte sich an den Gesprächen mehr als mir lieb war. Sein

Verhalten war mir völlig fremd. Wie normal er mit diesen Leuten umging! Nie vorher waren mir unsere unterschiedlichen Anschauungen so deutlich vor Augen getreten. Ich fühlte mich einsam und gekränkt. Dass man mir damals helfen wollte, mein Leben zu begreifen und in die eigenen Hände zu nehmen, verstand ich nicht. Heute, Jahre danach, sprach ich mit einer Freundin über diese Seminare und die damalige Zeit, und sie erzählte mir, dass sie immer das Gefühl von „friss oder stirb" hatte, mit der eindringlichen Vorstellung, dass sie diese Zusammenhänge begreifen musste, um nicht zu sterben. – Ich fraß erst viel später. – Das Gefühl aber war mir wohl bekannt.

Das Seminar, mein erstes dieser Art, ging dem Ende zu und ich wurde langsam immer ruhiger. Lag das an den Menschen oder einfach an meiner Müdigkeit? Besser ging es mir danach nicht. Im Gegenteil, jetzt hatte ich neue Probleme, denn nun sollte ich ja die Schuld für mein Elend bei mir suchen.

Endlich war ich wieder für mich allein. Ich fuhr im Auto nach Hause. 45 Minuten Weg, auf dem ich fast durchgängig erbärmlich heulte. Enttäuscht, entsetzt und voller Selbstmitleid überdachte ich das Wochenende. – Was dieser Ted wohl von mir wollte? Nur das Geld? Oder was eigentlich? Mir sagen, dass mich ganz allein die Schuld träfe, um mich dann mit dieser Schuld allein zu lassen? Ich wollte nicht schuldig sein. Viel zu lange wurde mir für alles Mögliche die Schuld gegeben. Ich fühlte mich betrogen und elend.

Nur meine rasch wiedergefundene Selbstkritik und langes, langes Nachdenken halfen mir aus diesem Dilemma. Je länger ich über alles nachdachte, desto klarer wurde mir, dass er rein gar nichts von mir wollte – höchstens mein Geld. Aber wenn er das von mir nicht bekommen hätte, hätte doch jemand anderes den

22

begehrten Seminarplatz belegt. Also brauchte er im Endeffekt nicht einmal das. Er hatte nicht von mir verlangt, dass ich mich seiner Meinung anschließen sollte. Schließlich berichtete er nur von seinen Erfahrungen und bot uns neue Möglichkeiten an. Es schien, als wäre es ihm vollkommen gleichgültig, ob wir seine Meinung teilten oder nicht. Eben nach dem Motto: Friss oder stirb. Dies war das Einzige, das ich als positiv verbuchen konnte. Es blieb die Frage: Was wollte er von mir? Übte er nur seinen Beruf aus, genau wie ich?

Was wäre, wenn ich wirklich selbst Schuld hätte? Und woran eigentlich? Und wenn es doch stimmte, was hätte ich anders machen sollen? Hätte ich mich wehren, den eingefahrenen Rhythmus durchbrechen müssen? Was wäre geschehen, wenn ich nicht zugunsten meiner Familie auf viele Bedürfnisse verzichtet hätte? Es hämmerte nur so in meinem Kopf. – Immerhin musste ich mir eingestehen: Es wäre wohl doch irgendwie möglich gewesen.

Verlassen von aller Welt, mein Sohn war nicht bei mir, fuhr ich durch den dunklen Abend. Als ich zu Hause ankam, war nur eines klar: Da gehe ich nie wieder hin! – Neue Probleme, die brauche ich ganz bestimmt nicht. – Die erste Begegnung mit der Esoterik, von der ich nichts wusste, nicht einmal der Begriff war mir bekannt, hatte ich völlig verwirrt und ratlos aber lebend überstanden.

Natürlich führten mein Sohn und ich in den folgenden Tagen endlose Diskussionen. Wenn diese Gespräche mich auch der Schuldfrage näher brachten, eine Antwort fand ich nicht. Alles wäre auch anders möglich gewesen, ging es mir ständig durch den Kopf. Wieder dachte ich an meine Großmutter, wieder hallte es in meinem Kopf nach: Jeder ist seines Glückes Schmied. Allem Anschein nach war ich ein schlechter Schmied. Obwohl ich mir diesen Schuh nicht so einfach anziehen mochte, denn dann hätte ich doch keinen Sündenbock mehr für mich und meine „Fehler". Dennoch wollte ich ganz bestimmt versuchen, meine emotionale Welt nach dieser Erkenntnis neu zu betrachten, obwohl ich am Erfolg zweifelte.

Viel zu schnell holte mich der Alltag wieder ein. Ein Alltag, der zur Zeit aus Sorge um meine Gesundheit, aus Überlegungen für die Zukunft und Ratlosigkeit bestand. Ein Alltag, der um meine gescheiterte Ehe kreiste, um meine neu gewonnene Freiheit, mit der ich nichts anzufangen wusste.

Erst als das Seminar längst vergessen war, stellte sich allmählich eine winzige Veränderung ein. Nach und nach nahm mir die neue Sichtweise viel von meinem Zorn und meiner Wut auf andere. Wie gut das tat. Hatte ich etwa doch schon etwas von Ted gelernt? Ein Begreifen war es noch nicht. Sollte an all seinen zackigen Rezepten doch etwas dran sein? Die Zustände von Erleichterung wechselten mit solchen schon früher erlebter Depressionen ab, und ich schwankte zwischen der Überzeugung: Es hat sich überhaupt nichts verändert und: Es hat sich zumindest meine Sichtweise verändert.

Der nächste Besuch bei Frau Heiland war eine Qual, da sie von mir Begeisterung über das Seminar und meine diesbezüglichen Erfolge hören wollte, die ich ihr nicht liefern konnte. Sie redete auf mich ein, sprach von Bewusstseinsveränderung, anderen Ebenen, Astralkörpern und von den mir so fremden Chakren. Letztere wurden zwar im Seminar erwähnt, aber was sie genau bedeuteten, war mir nicht klar. Doch ließ ich mir meine Unwissenheit nicht anmerken und sie reden. Das tat sie gern, denn sie redete und redete in einem fort, obwohl ich ihr nicht folgen konnte. Sie erzählte, dass Ted ein wahres Geschenk des Himmels sei als Medium, Heiler und Meister seines Fachs. Am

Ende flocht sie noch ein, ich würde doch sicherlich gern zu ihrem Seminar am Wochenende kommen, das würde mir bestimmt gut tun. Wieder einmal wagte ich nicht zu widersprechen. Immerhin hatte Frau Heiland mir sehr geholfen.

Als das Wochenende nahte, hoffte ich auf nette Gesellschaft, denn die Patienten, die ich ab und an bei Frau Heiland im Wartezimmer antraf, unterschieden sich sehr von denen in Teds Seminaren. Einige schienen sogar in der einen oder anderen Beziehung mir ähnlich.

EIN SEMINAR

Meine Erwartungen wurden nicht enttäuscht. Die Gruppe wirkte für meinen Geschmack tatsächlich normaler; und so fiel es mir nicht schwer, mich in das Seminar hineinzufinden. Allerdings nicht lange. Abgesehen davon, dass wir lernen sollten, uns gegenseitig an den Fußreflexzonen zu massieren, erzählte Frau Heiland wieder die gleichen, unverständlichen Dinge. Dabei entging ihr nicht, wie unangenehm mir die Vorstellung war, anderen Menschen an ihren Füssen herumzufummeln, was die anderen mit offensichtlicher Begeisterung taten.

Das war aber immer noch besser als die folgende Übung. Frau Heiland sprach davon, dass wir uns selbst lieben und mit unserem Körper liebevoll umgehen sollten. Unser Körper brauche Streicheleinheiten, und die sollten wir ihm geben. Jetzt sollten wir also unseren eigenen Körper genau ansehen und dann streicheln. Ich traute meinen Ohren nicht. – Wo war ich denn hier nun wieder gelandet? Meinen eigenen Körper genau zu betrachten und dann auch noch zu streicheln, war ja wohl eine absurde Idee. Ich erinnerte mich noch genau, wie meine Mutter mich in

25

meiner Kindheit verprügelt hatte. Schon deshalb erinnerte ich mich, weil es das einzige Mal gewesen war, an dem sie eine derartige erzieherische Maßnahme an mir vornahm. Der Grund war ihre Vermutung, ich hätte mit meiner Freundin Doktor gespielt. Dabei stimmte das nicht einmal. Und anschließend hatte sie mir eingebläut, dass es verboten sei, den Körper eingehend zu betrachten. Obwohl ich über solche Kindheitserlebnisse für gewöhnlich nicht nachdachte, erschien mir die Situation auf einmal außergewöhnlich präsent. Und es war mir äußerst unangenehm, meine Hände auf meinem Körper zu spüren, obwohl ich ja Gott sei Dank bekleidet war. In meinem Kopf vereinigten sich Lesben, Schwule, Selbstbefriediger und alle anderen sündhaften Gestalten, die ungehörige Dinge mit ihrem eigenen Körper taten. – Ich weiß nicht, ob es anderen Teilnehmern ebenso ging. Oder ob sie besonderen Gefallen an dieser Übung fanden. Aber bei einigen flossen erkennbar die Tränen – bei mir natürlich nicht. Ich hatte gelernt, mich zu beherrschen und im Griff zu haben.

Ich war heilfroh, als mich das Seminar wieder in meine Welt entließ. Angeschlagen und mir selbst fremd, ließ ich zu Hause meinen Tränen freien Lauf. – Meiner Zuneigung zu Frau Heiland tat das Seminar dennoch keinen Abbruch. Vielleicht hat sie damals auch etwas über mich erfahren, das ihr bei weiteren Behandlungen hilfreich war.

Der Alltag ging weiter, und wieder einmal blieb wenig Zeit zum Nachdenken, und natürlich kam auch wieder die nächste Depression. Obwohl ich mich bereits ein klein wenig gesünder als am Anfang fühlte, schienen mir oft alle Bemühungen, Behandlungen und Seminare unglaublich sinnlos. Verzweiflung und Zorn auf Frau Heiland und Ted, die mir angeblich helfen wollten, stiegen in mir auf. Nie waren sie für mich da, wenn ich allein und wieder einmal aus dem Leben herausgefallen war.

Letzten Endes, dachte ich, bin ich doch immer allein. Dafür brauche ich keine Seminare, keine Frau Heiland und schon gar keinen Ted.

Aber Frau Heiland hatte mir doch schon spürbar geholfen. Wenigstens ihre Behandlung wollte ich weiter nutzen, bis es mir wieder richtig gut ginge. So blieb ich ihre Patientin und lernte mit der Zeit die eigentliche Zielrichtung ihrer Therapie erkennen, die sich nicht auf Massagen und Spritzen beschränkte, sondern vor allem die Heilung der Seele betraf.

Nach ihrem Seminar bildete Frau Heiland eine Meditationsrunde. Ich zwang mich auf den harten Meditationshocker, obwohl er so unbequem war, wie man sich nur vorstellen kann. Mein Po rebellierte, mein Kreuz schmerzte, doch ich wagte nicht aufzustehen. Aber wenn ich auch hinterher steif wie ein Brett war, empfand ich es doch als Labsal für meine Seele. Ich hatte gehofft, hier Menschen zu finden, die die gleichen Probleme hatten, von denen ich etwas lernen konnte. Ich lernte auch etwas, allerdings nicht das, was ich erwartete. Ich erfuhr: Jeder Kopfschmerz ist ein Weg zur Erleuchtung, jeder Rückenschmerz ein Beugungsprozess. Die anderen Patienten waren genauso krank wie ich, aber ihre Beschwerden hatten für sie offenbar eine andere Bedeutung. – Für die einen waren sie Zeichen für Stagnation, für andere Zeichen dafür, dass sie augenblicklich genau eine solche Krankheit brauchten, warum auch immer.

Was das nun für Konsequenzen hatte, scheint schwer zu sagen. Jedenfalls ging ein Schnupfen Gott sei Dank auch dann vorüber, wenn man sich nicht entwickelte. Sein „Durchbruchcharakter" scheint ihn nicht weiter zu beeinflussen. Bleibt die Frage: Warum die Welt zu einem Zeichen machen, wenn sie doch so wunderbar anschaulich ist, wie gleichzeitig immer betont wurde. Warum soll sich hinter allem immer etwas verbergen? Ich weiß natürlich um meinen Unglauben, und ich frage mich, ob man, nur weil man bemüht ist, Zusammenhänge zu finden, extra Zusammenhänge konstruieren sollte, um dann an ihnen zu scheitern. Man sollte sich seinen Schnupfen ohne Komplexe gönnen. Selbst, wenn man dabei einzig die tiefschürfende Erfahrung macht, einen Berg Taschentücher zu verbrauchen.

Einerseits wuchs also meine Skepsis, andererseits entwickelte sich das Vertrauen zu meiner Heilpraktikerin. Es war ein Auf und Ab, ein Vorgang, den ich selbst nicht verstand, der glücklicherweise manchmal auch vom ganz normalen Alltag, ohne Schmerzen, ohne Kummer, abgelöst wurde. Dann flatterte wieder mal ein gelber Zettel mit einem lustigen Grinsegesicht auf meinen Tisch. Das nächste Seminar von Ted wurde angekündigt.

Ein unruhiges Gefühl beschlich mich erneut, eigentlich wollte ich doch gar nichts mit diesen eigenartigen Leuten zu tun haben. Ich dachte wieder an den Beginn meines ersten Seminars. Wieso beschäftigte mich die Frage: Wieso bist du gekommen? so sehr, eine Frage, die Ted immer am Anfang seiner Seminare stellte, wie ich später feststellte. Beim ersten Mal war meine Antwort ebenso ehrlich wie einfach gewesen: Frau Heiland hatte mich geschickt. Was aber würde ich – natürlich rein hypothetisch – diesmal antworten? Ich kam zu dem Ergebnis, dass ich keine Antwort hatte, die mir wirklich gefiel. Schließlich hatte ich ohnehin Besseres zu tun, als mir ein Wochenende zu erkaufen, an dem ein weltfremder, junger Bursche mir erzählen wollte, dass die Phänomene Krankheit, Gesundheit, Glück, Unglück, Reichtum und Armut von meiner Entscheidung abhängig wären. Seine Theorie war mir suspekt. An der Praxis war ich vor kurzem erst gescheitert. Es gab also nur eine vernünftige Entscheidung: den Zettel zerreißen und die Sache vergessen. Das war mir absolut klar!

Also ging ich hin.

VAMPIRGESCHICHTEN

Trotz etlicher neuer Gesichter, die Belagerungsattitüde der Teilnehmer blieb sich gleich. Ich erschien völlig overdressed. Die Mode, die hier getragen wurde, erinnerte mich an meine Kindertage während der Nachkriegszeit, als meine Mutter uns aus alten Tischdecken, Teppichen und Gardinen Kleidung genäht hatte. Die Dinge, mit denen diese Menschen ihren Körper bedeckten, ließen mich eher an dunkle Ecken orientalischer Basare denken als an mitteleuropäische Modetrends. Dies war so gar nicht meine Welt. Was immer ich suchen mochte, ich konnte mir nicht vorstellen, es in dieser Umgebung zu finden. Die Menschen, mit denen ich normalerweise Umgang pflegte, sahen anders aus. Sie hatten Stil, und auf den kam es in unserer Gesellschaft doch an, – oder? Hier schien ich also vollkommen fehl am Platze. Vor diesem Dilemma fest meine Augen verschließend, beobachtete ich Ted. Was hatte er nur an sich, dass er solchen Zulauf hatte? Ich nahm mir vor, ihm genau auf die Finger zu sehen und seine Tricks ein für alle Mal zu durchschauen. Irgendwie musste des Rätsels Lösung ja zu finden sein.

Um es gleich vorweg zu nehmen, die Lösung des Rätsels fand ich sehr wohl, die Tricks nie. Irgendwann begriff ich, dass es keine gab.

Das Beobachten gab ich allerdings nie auf. Ich wollte nicht mitlaufen. Ich wollte anschauen und auch ein bisschen tiefer schauen als bloß auf die goldenen Fassaden.

Was mir in diesem zweiten Seminar „aufgetischt" wurde, erschien mir als absoluter Gipfel der Unverfrorenheit. – Um eine besonders schockierende Geschichte herauszugreifen, werde ich von der Vampirtheorie berichten. Ted erzählte sie etwa folgendermaßen:

Ihr alle habt bestimmt von Vampiren gehört, und ich kann euch sagen, es gibt sie tatsächlich. Natürlich meine ich damit keine Wesen, die Blut saugen. Aber ich meine dennoch Menschen, die andere aussaugen, auf die übelste und hinterhältigste Weise. Vampire sind Menschen, die auf Kosten anderer Menschen leben und ihnen so die ganze Lebenskraft rauben, die sie brauchen, um ihr eigenes Leben zu leben.

Zunächst möchte ich euch an das erinnern, was ihr z.B. über Filmvampire schon gehört habt. Denn vieles trifft in abgewandelter Form auch auf die Lebenskraftsauger zu. Vampire sind Geschöpfe der Nacht. Sie fürchten die Sonne. Die Sonne ist aber nur ein Symbol für die Lebenskraft. Sie weckt tatsächlich unsere innersten Kräfte. Vampire aber fürchten die Sonne. Sie lassen andere Menschen für sich leben und können oft die Vorstellung eines Aufwachens, also eines eigenverantwortlichen Daseins nicht ertragen. Des weiteren sehen Vampire grau aus und riechen nach Verwesung. Vampire, die ihr Dasein schon lange Jahre fristen, bekommen auch in der Wirklichkeit oft einen gräulichen Hautstich. Tatsächlich haben sie auch oft einen Geruch an sich, der mit modrig noch am ehesten zu beschreiben ist.

Um ein Beispiel zu geben: Betrachten wir eine Frau um die Fünfzig. Sie ist schon unter vampirischen Verhältnissen aufgewachsen und so selbst zum Vampir geworden. Sie hat also ihr Leben über andere gelebt, etwa, indem sie sich um ihre Familie gekümmert, geputzt, gekocht usw. hat. Vielleicht hat sie auch nicht gearbeitet, um ihrem Mann eine Karriere zu ermöglichen. Sicherlich hat sie sich für ihre Kinder umgebracht. So kommt es, dass diese Frau an irgend einem Punkt nicht mehr weiß, was sie eigentlich will und wie sie sich ein schöneres und erfülltes Leben vorstellt. Sie möchte aber leben. Sie möchte spüren, dass sie überhaupt existiert. Vielleicht wird ihr das besonders bewusst, weil die Kinder aus dem Haus sind und sie nicht mehr an deren Leben gewissermaßen als Zaungast teilhaben kann. Also muss sie sich – natürlich ist es ein unbewusster Prozess – etwas einfallen lassen, um Aufmerksamkeit zu erregen.

Üblicherweise arbeitet ein Vampir dabei mit Schuldgefühlen. So, wie der Filmvampir, der Menschen beschenkt und betört, um sie später in seinen Bann zu ziehen, so wird auch unsere Vampirmutter sich auf ihre aufopfernden Taten berufen. Sie ruft bei ihren Kindern an und fragt sie, ob sie nicht vielleicht mal vorbeikommen wollen und etwas erzählen, was sie alles treiben. Wenn die Kinder nun vielleicht ganz andere Bedürfnisse haben, als die, ihrer Mutter alles zu berichten, wird diese vermutlich sagen: Ich habe mich immer für euch – man beachte die Wortwahl – umgebracht, könntet ihr jetzt nicht einmal eurer armen, alten Mutter eine kleine Freude machen. Und dann ist sehr wahrscheinlich, dass diese Methode eine Zeit lang funktioniert. Bis die Kinder keine Lust mehr haben, gegen ihre eigenen Bedürfnisse zu handeln, und der Mutter beibringen, dass sie nicht mehr so oft kommen können. Sie stechen ihrer Mutter also, bildlich gesprochen, einen Pflock durchs Herz. Wie das ja auch bei den mystischen Vampiren gemacht wird.

Solch ein Pflock ist eine Chance für Vampire, von ihrem untoten Dasein wieder unter die Lebenden zurückzukehren. Aber man muss schon ein sehr wacher Vampir sein. – Ich wecke euch sozusagen gerade auf, um diese Chance zu begreifen. Wahrscheinlicher ist, dass der Vampir sich ein neues Opfer sucht, das er bluten lassen kann. In unserem Beispiel mag das z. B. die Nachbarin sein, der die Frau erzählt: Stellen sie sich einmal vor, wie herzlos meine Kinder mit mir umspringen. Dann wird die Vampirin vielleicht zum Kaffee eingeladen und lädt ihre Sorgen bei der Nachbarin ab. Und schon fließt eine neue Quelle des Lebenssaftes für sie. Eine zweite beliebte Methode von Vampiren ist ein Appell an die Sorge der Mitmenschen. Oft funktioniert das über Krankheiten, indem die Vampire also etwa zu ihrem Ehemann sagen: Ich habe immer solche Herzschmerzen, wenn du abends ausgehst, kannst du dich nicht um mich kümmern. Und natürlich funktioniert das meistens. So pflanzt sich auch die Vampirepidemie fort. Der eine wird ausgesaugt und verliert selbst an Kraft. Mit der Zeit muss er dann auch andere aussaugen, um lebensfähig zu bleiben. Die Kinder etwa verlangen Unterstützung von ihren Partnern: Meine Mutter geht mir immer so an die Substanz, kannst du dich nicht mal um mich kümmern? Oder, der Ehemann ist so kaputt, dass er Kollegen bitten muss, seine Arbeit mit zu übernehmen und so weiter und so fort.

Und auch unsere Vampirin ist ja nicht einfach so zu einem Sauger geworden. Auch sie ist irgendwann von jemandem angezapft worden. Es gibt sogar Beziehungen, in denen sich die Partner jahrelang gegenseitig mit Aufopferung nähren, um sich, wenn sie keine Kraft mehr haben, zu trennen und ein neues Opfer zu suchen. Vielleicht kennt ihr solche Fälle ja auch selbst. Vielleicht habt ihr ja sogar eben festgestellt, dass ihr selber kleine oder große Vampire seid und euch auch mit solchen umgebt. Dann wäre es jetzt an der Zeit, mit dem Saugen aufzuhören und auch andere nicht mehr von eurer Lebenskraft zehren zu lassen. Denkt daran, wenn ihr einen Vampir bei euch saugen lasst, tut ihr ihm keinen Gefallen. Ihr helft ihm zwar im Moment, aber ihr legt auch die Grundlage dafür, dass er eines Tages verfallen, krank werden und sterben wird. Denn irgendwann wird sein eigenes Defizit an Lebenskraft so übermächtig, dass er nicht mehr genug aufsaugen kann und dann seid ihr wahrscheinlich selbst schon so blutgierig, dass ihr auf das Ende zusteuert.

Bezeichnend ist übrigens auch, dass Menschen, die immer konsequent ihr Leben leben und sich selbst ausdrücken, gegen Vampire gefeit sind. Diese vollkommenen Egozentriker, wie man sie nennen könnte, haben eine derart große Lebensfreude, dass einem Vampir schon aufgrund ihrer bloßen psychisch-physischen Gegenwart unwohl wird und er das Weite sucht. Denkt nur mal an das Kreuz in den Vampirfilmen.

Unglaublich! Ich geriet in Rage. Solche Geschichten waren ja purer Humbug. Das Allerschockierendste aber war, dass kein einziger der Teilnehmer widersprach. Sie schienen diesen Unsinn, ja diesen Irrsinn einfach nur zu schlucken. Und in dem Stil ging es weiter: Jeder ist für den Ablauf seines Lebens allein verantwortlich. Opfer und Täter sind dabei gleichermaßen beteiligt. Jedes Opfer zieht die Tat mit an. All dies wurde von den Teilnehmern kopfnickend bestätigt. Was sollte ich dazu noch sagen. Da ich aber schon erfahren hatte, dass ich einen Solarplexus besitze, wusste ich jetzt wenigstens, an welcher Stelle er genau bei mir saß, als er sich mehr und mehr verkrampfte, weil ich vor Wut zu kochen begann.

Kurz darauf musste irgend etwas in mir ein- oder ausgerastet sein, denn ich hörte einfach nicht mehr zu. Ich beobachtete Ted und die Seminarteilnehmer, ohne zu hören, worüber sie miteinander sprachen. Vieles schoss mir durch den Kopf, sollte ich das Seminar verlassen, sollte ich meiner Wut Luft machen? Opfer und Täter sind gleichermaßen beteiligt, das ist doch lachhaft! Die alte Rentnerin, die von Dieben um ihr Erspartes gebracht wird, stand doch nicht vorher da und schrie: Kommt alle und nehmt mein Geld. Wenn ein Kind überfahren wird schreit es doch nicht vorher: Hey, Fahrer, hier bin ich.

Nein, ich verließ das Seminar nicht, aber ich verstand die Welt nicht mehr und nicht den wirklichen Sinn des Gesagten.

Welche Anziehungskraft war hier gemeint? Meinte Ted nicht wörtlich, was er sagte, und wenn nicht, was meinte er dann? Überhaupt, mussten immer die Frauen als Beispiel herhalten? Die meisten brachten sich ja in der Tat für ihre Familie um, und keiner in der Familie beklagte sich, dass er so gut versorgt wurde. Die Blicke meines Sohnes brannten auf meinem Rücken wie Feuer. Er dachte doch nicht etwa...?

Jetzt sprach Ted über Farben und zwar zur Abwechslung mal über ganz normale Farben, die man ganz normal sehen konnte. Obwohl das Thema für dieses Sitting fast schon zu banal erschien, interessierten sich die anderen Teilnehmer anscheinend genauso dafür wie ich, wenn auch wahrscheinlich aus anderen Gründen. Ich war jedenfalls erfreut, etwas Alltägliches und Verständliches zu hören und das zum ersten Mal, seit ich ihn kennengelernt hatte. Mit Farben kannte ich mich aus. Nicht umsonst war meine Garderobe mein einziges Hobby. Der Form halber muss ich berichten, dass der ganze Exkurs über Farben vor allem im Zusammenhang mit Teds Erzählungen über irgendwelche Energiezentren oder Chakren erfolgte. Da diese es aber bislang unterlassen hatten, sich mir zu enthüllen, machte ich mir darüber keine besonderen Gedanken. Es waren halt Dinge, falls Ted Recht haben sollte, die man wie Knöpfe an einem Mantel mit sich herumschleppte.

Während ich den Ausführungen nun interessiert lauschte, schienen mir auch die Menschen um mich herum viel weniger fremd und schräg, seit sie sich über Dinge unterhielten, die ich verstehen konnte. Hier und dort gelang es mir sogar, mich ohne argen Widerwillen oder ohne Skepsis an einem Gespräch zu beteiligen. Bedauerlicherweise hörte ich wenig Gutes über die Farben, in die ich mich vornehmlich zu kleiden pflegte. Schwarz und Weiß seien gar keine Farben im eigentlichen Sinne. Schwarz etwa, meine damalige Lieblingsfarbe, habe keine besondere Wirkung auf uns, außer der von Wirkungslosigkeit. Schwarz hätte keine eigene Energie, was immer das auch heißen mochte, und könne uns also auch keine Kraft geben. Schwarz, so hörte ich, sei die Farbe der Beerdigung und Beendigung, und Menschen, die viel Schwarz trügen, würden gern etwas beenden wollen. Dieser Gedanke traf zumindest auf mich zu und war mir als Idee sympathisch. Mir wurde gesagt, ich solle lieber helle und freundliche Farben tragen, um hell und freundlich zu werden.

In solcher Taktik sah ich kein großes Risiko, und da ich sonst sowieso nicht viel aus dem Seminar behalten würde, wollte ich zumindest das einmal versuchen. Ich wählte also am nächsten Morgen besonders fröhliche, angenehme Farben, die nicht gerade häufig vorkamen, wie ich es gelernt hatte. Wenigstens sollte man sehen, dass ich die Ratschläge, die mir gefielen, gleich in die Tat umsetzte. Gespannt auf die Blicke der teppichbehangenen Seminarbesucher, erschien ich im Raum, um feststellen zu müssen, dass alle genauso farbig gekleidet erschienen waren wie ich. Zwar hatte sich ihr modischer Stil nicht geändert, aber alle hatten helle und freundliche Farben gewählt, und das ließ auch alle gleich sanfter und freundlicher erscheinen. Vielleicht war es doch möglich, diesen Menschen näher zu kommen. Dazu trug bei, dass sie offenbar mit mir weniger Schwierigkeiten hatten als ich mit ihnen. Ganz offenherzig plauderten sie mit mir über ihre Wünsche und Gefühle, was für mich völlig neu und fremdartig war. Vielleicht gab das den Ausschlag. Die Gesellschaft, in der ich mich zu bewegen pflegte, redete auch mit den engsten Freunden nicht offen über Gefühle, so dass man nie genau wusste, mit wem man es eigentlich zu tun hatte.

Zum Schluss erfuhr ich dann auch noch etwas Genaueres über die Knöpfe, sprich Chakren, sieben an der Zahl von der Wurzel bis zum Scheitel. Ted erklärte eingehend ihre Farben im gesunden Zustand und wie wir auch über unsere farbige Kleidung Einfluss auf sie nehmen könnten. Und überhaupt habe jede Farbe eine wichtige Bedeutung und Aufgabe im Zusammenhang mit der Psyche. Man könne Farben essen und trinken und durch sie Einfluss auf die Aura nehmen. Die Aura? Ach ja, irgendwann wurde ja erwähnt, dass dies eine Energie sei, die uns umgebe. So ganz klar war mir das alles nicht, und ich hätte mir damals nicht im Traum vorstellen können, dass ich eines Tages Farbtherapeutin werden würde.

So wurde es schliesslich noch ein relativ schönes, wenn auch teures Seminar. Teuer vor allem deswegen, weil ich damals nicht das Gefühl hatte, viel für mein Geld bekommen zu haben. In den Wochen nach dem Seminar rumorte es noch lange in mir. Vor allem die Farben beschäftigten mich. Allerdings trug ich weiter mein fröhliches Schwarz-Weiß und blieb die mit vielen wichtigen Dingen beschäftigte Geschäftsfrau.

Doch kam mir immer wieder die Vampirgeschichte in den Sinn. Ich begann mein vergangenes und mein gegenwärtiges Leben nach Ereignissen und Verhaltensweisen zu durchleuchten auf der Suche nach Punkten, in denen diese Theorie ihre

Bestätigung fand, und ich musste mir eingestehen, dass ich etliche solcher Punkte zu finden glaubte. Wer aber waren denn nun die Vampire oder waren wir alle Vampire?

Saugte ich an meiner Familie, hatten sich mein Ex-Mann und mein Sohn an mir schadlos gehalten? Ich kam zu der Erkenntnis, dass, falls es überhaupt möglich wäre, wir alle wohl Vampire gewesen waren und mehr oder weniger kräftig an den anderen und unseren übrigen Mitmenschen gesaugt hatten, wenn nicht bewusst, so doch gründlich. Diese Erkenntnis, falls es schon eine war, schmerzte. Mein Sohn, der auch an dem Seminar teilnahm, und ich hatten heftige Diskussionen. Am liebsten wollten wir sofort unser etwaiges Vampirdasein beenden, so sehr beunruhigte es uns, zugeben zu müssen, wie sehr wir den anderen doch manchmal in die Enge trieben. Die Vampirgeschichte brachte uns neue Denkanstösse, viele Diskussionen und Auseinandersetzungen, die Monate, oder waren es Jahre, dauerten. Unsere Beziehung zueinander ist dadurch auf jeden Fall toleranter und verständnisvoller geworden. Und wenn der Prozess auch mit Schmerzen verbunden war, so lernten wir einander doch auf eine ganz andere Weise kennen, als allein durch ein Netz gegenseitiger Verpflichtungen. Heute bin ich stolz darauf, dass wir unser Eigenleben gefunden haben. Obwohl man dies vermuten könnte, hat uns dieser Wandel einander nicht entfremdet. Im Gegenteil. Wir sind enger als zuvor miteinander verbunden. Wir haben gelernt, uns zu lassen und uns zu nehmen wie wir sind. Wir haben auch gelernt, unser Leben nach unseren eigenen Vorstellungen und Bedürfnissen einzurichten und uns ohne nervenaufreibende Rücksichtnahme liebevoll aufeinander zu beziehen. Es ist schon ein verdammt gutes Gefühl, einen Sohn zum Freund zu haben. Wenn ich auch nach allen Diskussionen nicht ganz mit der Vampirgeschichte übereinstimmte, so habe ich doch einiges daraus gelernt.

EIN MEDIUM NAMENS ROSÉ

Kurze Zeit später war der Kreis der Menschen, die sich um Frau Heiland scharten, in Aufruhr. Wie ein aufgescheuchter Bienenstock. Ein Medium sollte eine Sitzung abhalten. Eine richtiggehende Wahrsagerin. Fast jeder sprach nur noch davon, wann er sie aufsuchen würde und welche Fragen er ihr stellen würde. Ich wollte mutig sein und auf Anraten meiner Heilpraktikerin auch hingehen. Mutigsein hatte ich ja in der letzten Zeit geübt. Und so ließ ich mir trotz meiner gewohnten Bedenken, was das Medium alles von mir erspähen und welche Dinge es mir mitteilen könnte, die ich gar nicht hören wollte, einen Termin geben.

Die Sitzung fand bei Frau Heiland statt, und das Aussehen von Rosé war ermutigend. Sie sah ganz normal aus, unspektakulär gekleidet. Sie kam aus Spanien und sprach nur Spanisch. Eine Sprache, die ich Gott sei Dank gut genug beherrschte. Sie begann ohne große Umschweife zu erzählen und ließ sich während der Sitzung nicht unterbrechen. In großen Zügen konnte ich ihr folgen, und ihre Bemerkungen über meine Vergangenheit, meine Ehe und auch meine Zukunft ließen Bäche über meine Wangen rinnen. Dabei blickte sie in keine Kristallkugel, besaß keinen Buckel und hatte auch keine Katze auf der Schulter. Glücklicherweise wurde das Gespräch aufgezeichnet, und ich konnte eine Kassette mit nach Hause nehmen.

Zu Hause angekommen, hörte ich mir die Kassette noch einmal genau an und stellte fest, da gab es nichts, das mir nicht im Gesicht gestanden hätte – ja, meine Skepsis stand mir lange im Weg.

Nach einigen Jahren hörte ich mir die Kassette ein zweites Mal an. Mein Eindruck von damals hatte sich erheblich gewandelt. Ob sie nun Botschaften aus dem Diesseits oder aus dem Jenseits empfing, ob sie tatsächlich außergewöhnliche Fähigkeiten besaß oder nur eine gut entwickelte Menschenkenntnis, in jedem Fall trafen viele der Dinge, die sie mir vorausgesagt hatte, schließlich ein. Sie charakterisierte meinen Ex-Mann und meine Ehe ziemlich genau. Sie sagte Dinge zu mir, die meiner heutigen Einstellung zu meiner Vergangenheit ziemlich genau entsprechen: Du hast nie richtig gelebt, du warst in einem Gefängnis, es ist Zeit, die Verbindung abzutrennen und neu zu beginnen. Du brauchst viel Liebe und Frieden, wahre Liebe hast du nie gespürt. Sie sagte mir, ich hätte das Recht, das zu tun, was ich wirklich wollte, und ich sollte die Vergangenheit vergessen. Sie prophezeite mir, ich würde neue Freunde finden und eine Schule, in der ich mich mit Esoterik beschäftigen würde. Das würde mir Frieden bringen. „Freunde werden für dich da sein, und du wirst eine Möglichkeit finden, in diesem Rahmen dein Geld zu verdienen," sagte Rosé. Sie sprach von der Beziehung zu meinem Sohn: „Er liebt dich, er braucht dich, und nichts kann dies zerstören." Sie sprach über Tod und Erfolg, über Geisthelfer und über eine gesunde Zukunft, über eine Taube, die mich begleiten und über die tote Schwester meiner Mutter, die mir zur Seite stehen würde.

Wenn ich diese Kassette heute höre, habe ich das Gefühl, Rosé spreche eher heute zu mir als damals. Selbst wenn sie in abstrakten Begriffen von Symbolen spricht, dass da etwa eine weiße Taube als Zeichen für meinen inneren Frieden da sei. Oder wenn sie von meinen geistigen Helfern erzählt, von den Spirits. Damals konnte ich mir wohl nicht vorstellen, dass solche Ratschläge, die sich vor allem auf Gefühle beziehen, konkret sein könnten. Heute begreife ich, dass es tatsächlich diese banal klingenden Ratschläge waren, die ich am meisten benötigte.

Es war eine aufregende Zeit. Aufregend auch deshalb, weil ich mir langsam eingestand, dass an den Theorien von Frau Heiland und Ted doch einiges dran sein könnte; denn ich begann, mich allmählich, ganz langsam und vielleicht nur minutenweise, zu verändern, und ich merkte, wie mir diese Veränderung gut tat.

Deshalb nahm ich auch wieder an Teds nächstem Seminar teil – Thema: Sinn des Lebens.

Mittlerweile wurde ich freudestrahlend als alte Bekannte begrüßt, und ich fühlte mich tatsächlich nicht mehr so unbehaglich wie am Anfang, auch wenn mir das Lagern am Boden immer noch zu schaffen machte, und das nicht nur, weil nach drei Tagen mein Rücken durchhing. Zunächst aber musste ich mich durch die Tür schummeln und zwar deswegen schummeln, weil Ted mal wieder am Eingang stand, um die Ankommenden zu begrüßen. Umarmungen und teilweise wirklich regelwidrige Kuscheleien wurden ausgetauscht, was mir nicht angenehm war. Solche Zärtlichkeiten tauschten wir nur im engsten Kreise der Familie aus. Trotzdem, oder gerade wegen meiner Abneigung, entging mir nicht, wie gut diese Kontakte den Kuschelnden taten und wie sie es genossen. Da auf diese Art und Weise alle Seminarteilnehmer miteinander umgingen, musste auch ich einige Zärtlichkeiten im Verlauf des Seminars über mich ergehen lassen. Ich musste mir eingestehen, dass durch die Berührungen und dadurch, dass sich alle beharrlich, ohne Ansehen von Alter und Geschlecht, duzten, eine bestimmte Art von Zusammengehörigkeitsgefühl aufkam. Ich war mir nur nicht sicher, ob ich das überhaupt wollte. Wollte ich einer von diesem Menschen sein, die oft einen so verklärten Blick zur Schau stellten, wenn es um den Grund ihres Kommens ging? Die so vieles mit der wundersamen Hilfe des fragwürdigen Ted erreichen wollten? Wollte ich das?

In der üblichen Vorstellungsrunde wurde ich wieder gefragt, warum ich eigentlich an dem Seminar teilnähme, und in der Tat hatte ich die Frage immer noch nicht beantwortet. Ja, genau diese Frage ging mir selbst ständig im Kopf herum. – Warum gehe ich eigentlich hin? Möglicherweise wollte ich einfach ein Wochenende in Gesellschaft verbringen. Aber das schien nicht zutreffend. War es vielleicht ein Versuch, mich von meinen Problemen abzulenken? – Ich hatte keine rationale Antwort darauf parat. Also blieb es offiziell weiterhin beim: Ich will einfach mal sehen, was passiert. Ob mir meine Unsicherheit anzumerken war? Ich dachte darüber nach, dass Ted ja ein Hellseher sein sollte. Wenn dem so war, so wusste er Bescheid. Wenn er sich aber allein auf seine Erfahrung im Umgang mit Menschen stützen müsste, war ich dann geschickt genug im Verbergen meiner Unsicherheit? Anscheinend dachten sich die übrigen Seminarteilnehmer nichts bei meiner Stammelei in der Vorstellungsrunde. Jedenfalls schenkten sie ihr weiter keine Beachtung.

Mir kam in den Sinn, dass es wohl das Beste wäre, Ted könnte und würde tatsächlich in mich hinein sehen. Dann würde er immerhin feststellen, dass ich ein wirklich liebenswerter und ehrlicher Mensch sei und einfach nur Angst, wovor auch immer, hatte. – Diese Gedanken halfen mir aus der peinlichen Situation, und ich konnte dem Seminar, das über den Sinn des Lebens aufklären wollte, von dem ich immer noch keine genaue Vorstellung hatte, endlich einmal folgen.

Wenn ich auch meine Skepsis nicht verlor, so hatte ich mir doch vorgenommen, mein Misstrauen, soweit es eben möglich war, hintenan zu stellen. Dennoch beobachtete ich alles und jeden aufmerksam und lag ständig auf der Lauer.

SINN DES LEBENS

Natürlich war für mich schon vor Seminarbeginn klar, dass Ted andere Vorstellungen über den Lebenssinn hatte als ich. Das, was ich von meiner Mutter als ihren Lebenssinn übernommen hatte, begann meiner Erinnerung nach in den Nachkriegsjahren und beschränkte sich darauf, im Kampf um das tägliche Brot nicht zu unterliegen, was damals als Herausforderung durchaus ausreichte. Für uns Kinder, wir waren vier, wünschte sie sich als Sinn und Ziel ein gutes Leben, eine Ausbildung, Heirat, Kinder, ein Haus und immer etwas auf der hohen Kante. Na also, bis auf Letzteres war mein Leben doch planmäßig verlaufen, und meine Mutter konnte stolz auf mich sein. Diesen Sinn oder besser gesagt Unsinn begann ich anzuzweifeln, woraufhin meine Mutter mir ihre Freundschaft kündigte. Nichts und niemand war mehr stolz auf mich. Es dauerte lange, bis sie wieder mit mir sprach. Blut ist letztendlich doch dicker als Wasser.

Der eigentliche Lebenssinn, erfuhr ich nun, liege in den Wurzeln unserer Kindheit und ergäbe sich aus eigenen Wünschen und Bedürfnissen. Maßstab aller Dinge sei die Zufriedenheit. Die Zufriedenheit eines jeden einzelnen. Ich hörte so einiges über das persönliche Lustempfinden, das das Leben mehr oder weniger angenehm mache und erkennen ließe, ob noch Energie zur Lebensveränderung vorhanden sei. Wenn ein Mensch keine Lust mehr – wozu auch immer – empfinden könne, stagniere er. Um das Lebensziel zu finden, den Lebensweg zu gestalten, benötigten wir die Dynamik der Veränderung. Wer nicht mehr in der Lage sei, sich zu verändern, fiele aus dem Lust- und Lebensprinzip heraus. Wer Veränderung suche und Lustgefühle empfände, würde wie von selbst auf sein Lebensziel zustreben.

Ich schnaufte. Hatte ich gerade noch die Hürde genommen? Veränderung war ja jetzt bei mir angesagt.

Sinn des Lebens sei auch, Menschen, bestimmten Menschen, zu begegnen, um Selbsterkenntnisprozesse und Lebensqualität zu erkennen. Den meisten Menschen, Geisthelfern oder geistigen Freunden, begegneten wir in verschiedenen Leben, um Vertrautheit zu gewinnen und intensiven Austausch zu erleben. Da war von Partnerseelen, Zwillingsseelen, Impulsseelen und Rückenwind, den sie geben könnten, die Rede, von Menschen, die nichts bewegten und deshalb sinnlose Begegnungen für uns seien, weil kein Austausch zum Vorantreiben auf unserem Lebensweg stattfände.

Ein Thema, das mich noch lange beschäftigte und viele Fragen offen ließ. Fragen wie: Was sind Geisthelfer? Gibt es ein Leben nach dem Tode und Wiedergeburt? Sind Geister mit dem lieben Gott oder dem Teufel verwandt?

Hatte ich am Ende des Seminars den Sinn des Lebens begriffen, oder hatte ich wenigstens irgendeine Vorstellung davon?

ESOTERISCHE GEDANKEN

Ich dachte viel über die Menschen nach, mit denen ich mich neuerdings umgab. Waren sie anders als ich? Waren sie besser? Jeder wusste alles besser, konnte alles besser, vor allem war er besser. Sprüche wie: Ich habe gelernt, völlig wertfrei zu sein wurden begleitet von: Aber wenn meine Nachbarin so blöd ist?

meine Kollegin, die dumme Gans, der überkandidelte Kerl usw. – natürlich völlig wertfrei gesehen! Denn schließlich haben wir Wertfreiheit gelernt. So können wir alle Menschen so nehmen, wie sie sind, wenn sie doch nur nicht so langweilig, abgehoben, unmöglich, aufdringlich oder gar dominant wären. Wir heilen mit Reiki, wir machen Selbstheilung, lassen heilen und schlucken nur heimlich Aspirin. Wir wissen genau, was wir wollen, und kennen unser Ziel. Aber schnell hier und dort mal einen Hellseher für den Blick in die Zukunft kann ja nicht schaden. Und wenn er auch nur dazu gut ist, um für Veränderung einen Verantwortlichen zu haben.

Schnell noch eine Sitzung beim Medium, um nicht etwa irgend etwas allein entscheiden zu müssen. Die Träume lassen wir zwischendurch rasch noch deuten, damit wir um Gotteswillen nichts übersehen und bloß keinen Fehler machen.

Egoisten, nein, die sind wir sicher nicht. Nein, wir wollen uns doch noch entwickeln, und da bleibt eben kaum Zeit, sich um die anderen zu kümmern, die auf der Strecke bleiben.

Natürlich lieben wir alle Menschen, solange es nur nicht allzu viel Mühe macht. Wen lieben wir eigentlich? – Wen lieben sie, die Esoteriker? Lieben sie wirklich alle Menschen wie sich selbst? Ich habe lange überlegt, ob auch ich mich so entwickeln möchte. Nein, beschloss ich, so wollte ich nicht werden. Ich wollte die Verantwortung für mich und mein Leben selbst tragen. Ich wollte nur Hilfestellung und vielleicht eine Hand, an der ich wieder laufen lernen konnte.

WUNDER

Wie aus heiterem Himmel machte sich ein Schmerz, ein Juckreiz und eine Rötung in meiner linken Taillenseite breit. Schnell eilte ich zu meiner Heilpraktikerin, um irgendein Pülverchen oder

Wässerchen zu bekommen. Böse, böse, sagte sie, nachdem sie sich das Dilemma angeschaut hatte. Sie eilte davon. Als sie zurückkam, drückte sie mir einen Zettel in die Hand mit der Bemerkung „Frau Meier weiß schon Bescheid, ich habe sie angerufen. Du wirst sehen, zwei, drei Tage und die Gürtelrose ist weg". Schon im Gehen rief sie noch: „Melde dich." Ich schaute auf den Zettel, unter dem Namen stand: Kartenlegerin, Heilerin, Besprechung von Gürtelrosen und Warzen. Sofort fiel mir meine Großmutter und die Geschichte der Zigeuner ein. Auch an meine Kindheit musste ich denken. Hatte eine Tante mir doch geraten, mir meine Warzen an der rechten Hand selbst zu besprechen. Sie drohte, mir sonst nicht mehr ihre Hand zu reichen. Also ging ich das „Risiko" ein. Zunehmender Mond musste es sein und während ich auf den Mond schaute und sagte, „worauf ich sehe, nehme zu", musste ich die Warzen bestreichen und sagen „worauf ich streiche, nehme ab". Die Prozedur war mir damals recht unheimlich in der Dunkelheit. Aber irgendwie und irgendwann kurze Zeit später waren alle Warzen verschwunden. Nie habe ich gefragt, wie das geschehen konnte. Nie habe ich mich darüber gewundert. Es war eben so. Jetzt erst, in der Erinnerung, wurde mir dies wieder bewusst. Eine Stunde danach stand ich vor der Tür der Heilerin. Nachdem ich geklingelt hatte, öffnete eine rundliche Frau mit rosa Wangen, die so ganz und gar nicht aussah, als könnte sie meine Gürtelrose heilen. Noch bevor ich weiter nachdenken konnte, bat sie mich in ihr Wohnzimmer und machte mich sogleich auf Fotos und Dankschreiben, die an der Wand hingen, aufmerksam. Künstler, Schauspieler und Politiker zierten die Wände. Angesichts dieser Prominenz fürchtete ich, der Preis könnte für meine finanziellen Verhältnisse zu hoch sein. Ich erfragte ihn also. „Na, Kindchen", sagte sie, „nicht so stürmisch. Sie müssen zweimal kommen. Und dann dürfen Sie zahlen, was sie wollen oder können. Ich habe keinen festen Preis." Sie legte ihre Hand auf meine Gürtelrose und schwieg. Nach zehn Minuten war ich bis zum nächsten Tag entlassen. Meine Rose stach, schmerzte und so ging ich am kommenden Tag mit noch mehr Skepsis wieder hin. Das gleiche Handauflegen und am Ende die Bemerkung: „Wenn es morgen nicht besser gehen sollte, dann müssen Sie eben noch einmal kommen." Ich legte dennoch vorsichtshalber meinen Obolus auf den Tisch und ging. Nach vier Tagen stellte ich erleichtert, verwundert und ungläubig fest, meine Gürtelrose war so gut wie verschwunden. Hier hätte ich eigentlich wissen können, dass es doch so etwas wie Wunder gibt. Aber ich wollte es einfach nicht sehen, nicht begreifen.

LEBEN – ABER WIE UND WOVON?

Inzwischen waren zwei ganze Jahre vergangen, in denen ich zwischen Seminaren und den Besuchen bei meiner Heilpraktikerin hin und her pendelte. Zwischendrin überwältigte mich immer wieder ein Gefühl von Trauer um die Zeit, die ich jetzt zur Genüge hatte, mit der ich aber nichts anzufangen wusste. – Wie oft hatte ich mir in meiner Ehe, als mein Mann und ich wie eineiige Zwillinge, die „Freuden" des Lebens teilten, nur ein wenig Zeit für mich allein gewünscht. – Jetzt hatte ich mehr Zeit als mir lieb war. Zeit und Ruhe trugen allerdings dazu bei, dass meine körperliche Genesung Fortschritte machte. Meine Seele allerdings blieb noch reparaturbedürftig.

Die geselligen Wochenenden und Meditationsabende zehrten an meinen finanziellen Mitteln, die mir aus der Ehe geblieben waren. Da mein Sohn und ich aber nicht von Wundern leben konnten, war es an der Zeit, wieder an das Medium Geld zu denken.

Ohne lange weiter über den Sinn des Lebens oder die Schuldfrage zu grübeln, begann ich, mir ernste Gedanken über meine Zukunft zu machen. Was könnte ich tun? Zuerst schrieb ich einige Bewerbungen an verschiedene Firmen, die Geschäftsleiter oder Personal in höheren Positionen suchten. Schließlich hatte ich ja oft genug bewiesen, dass ich etwas leisten konnte, war durch das Geschäft meines Ex gut geschult und hatte die nötige Erfahrung für eine selbständige Tätigkeit. Also müsste es leicht sein, so dachte ich, eine passende Stellung zu finden. Eines hatte ich aber wohl übersehen, ich war zu alt. Ich war 47 Jahre und keiner wollte mich haben. Freundliche, liebenswürdige Absagen füllten den Briefkasten. Was nun? Die Enttäuschung war groß und mein weniges, neu gewonnenes Selbstbewusstsein erschüttert. Ich sah mir die Passfotos an, die ich mit den Bewerbungen eingeschickt hatte. Na ja, ich sah nicht gerade jung und dynamisch aus, nicht sonderlich leistungsfähig. Hätte ich doch den Personalchefs nur zeigen können, wozu ich fähig war. Aber ich wurde, wenn überhaupt, höchstens bis zur Sekretärin vorgelassen.

Nein, jetzt nur nicht wieder Selbstmitleid. Was dann? Wut? Nein, nicht doch. Ich hatte doch hoffentlich schon gelernt, die Schuld bei mir zu suchen, oder ? Woran lag es denn? Am Foto? An den Bewerbungsschreiben? Wie auch immer, ich verstand es nicht, denn ich selbst hätte mich mit der Erfahrung und meinen Kenntnissen gern eingestellt.

Genau das tat ich dann auch. Ich machte mich selbständig.

Viele Überlegungen, viel Nachdenken über meine Fähigkeiten. Was wollte ich machen? Einen Blumenladen? Unzählige wurden angeboten, viele von mir besichtigt. Aber Blumenläden waren nicht nur schön sondern auch kalt und schmutzig. Wenn man die viele Arbeit hinter den schönen Blumenarrangements sah – dann vielleicht eine Boutique? Doch, obwohl ich glaubte, immer modebewusst gewesen zu sein, schien mir der richtige Draht zur eigentlichen Mode zu fehlen. Und ich dachte an die vielen Ladenhüter, auf denen ich mangels Erfahrung sitzen bleiben würde. Also auch keine Mode. Ein Café? Ach nein. Auch hier war zu viel Neuland zu überwinden. Meine Entscheidung fiel, als ich mir eingestand, dass sich meine Erfahrung in den letzten Jahren ausschließlich auf den Verkauf von Schmuck und Juwelen erstreckte. Mein Mann besaß ein Juweliergeschäft, und ich hatte mir mühsam die erforderlichen Kenntnisse erworben. Ich wusste, dass ich in dieser Branche erfolgreich sein würde. Also fehlte nur noch das passende Objekt und ich begab mich auf die Suche. Da war ein schöner kleiner Laden mit Wohnung zu vergeben. Meine Phantasie konnte sich vorstellen, was ich alles daraus machen könnte. Aber irgend etwas hielt mich noch zurück, den Vertrag zu unterschreiben.

DIE ZUKUNFT TRÄUMEN

Gott sei Dank gab es da gerade ein Seminar mit dem Titel Zukunft im Traum gestalten. Ich war gerettet. Na, dachte ich, nun werde ich endlich sehen, wie meine Zukunft wirklich aussieht. Dann schoss es mir durch den Kopf: Wenn ich nun etwas sehen würde, was ich gar nicht sehen wollte? Hatte ich Angst davor? Ach wo! Denn ernstlich hielt ich das sowieso nicht für möglich. Aber so ganz geheuer war mir die Sache nicht.

Es war ein Seminar, auf dem ich vieles über verschiedene Traumebenen erfahren und lernen sollte, damit umzugehen. Da ich in den Übungen schlief, ohne zu träumen, blieb mir nicht viel zum Nachdenken. Erstaunlich fand ich nur die so wundersamen Wunder, die von den Anwesenden geträumt wurden.

48

Damals wäre mir nicht einmal im Traum eingefallen, dass Träume einmal mein Lieblingsthema werden würden und ich noch viele Traumseminare besuchen sollte. Die Aufgabe für die Nacht bestand darin, eine bestimmte Frage mit in den Traum zu nehmen und die Zeit zum Aufwachen zu bestimmen. Aufwachen ohne Wecker? Wie sollte ich dann pünktlich sein? Die Sache schien völlig unmöglich. Immer hatte ich drei Wecker und dennoch Schwierigkeiten, aus dem Bett zu kommen. Nun ja, versuchen könnte ich es ja, aber nicht ohne doch noch einen Wecker zu stellen. Wenigstens einen. Also ging ich ins Bett. Weckzeit im Kopf sechs Uhr. Wecker auf sieben Uhr. Die Frage, die ich mit in den Traum nehmen wollte, lag nahe. Sollte ich das Juweliergeschäft nun kaufen oder nicht? Oft genug besichtigt hatte ich es ja. Na, dann also gute Nacht.

Ich wachte auf. Kein Wecker hatte geklingelt. Es war sechs Uhr. Was hatte ich geträumt? Kaum zu glauben – aber dennoch: Ganz deutlich sah ich es noch vor mir und wusste im Moment nicht, ob ich es erlebt oder geträumt hatte. Ich hatte im Traum den Vertrag für das Geschäft unterzeichnet und ordentlich wie ich war in den Schrank gelegt. Keine Freude, keine Erleichterung, nichts Besonderes hatte ich dabei empfunden. Einfach eine ganz sachliche Handlung. Als ich so richtig wach war, war ich verblüfft über diese Klarheit und versuchte, doch noch einen Haken zu finden. Ich überlegte hin und her, aber ich fand den Haken nicht. So hielt die Verblüffung an. Allerdings hütete ich mich, über meinen Traum zu berichten. Ich weiß nicht mehr, ob ich meine Erlebnisse nicht preisgeben wollte, weil ich mir dann eingestehen musste, dass an dem, was Ted so von sich gab, mehr dran war als ich für möglich hielt oder ob ich Angst hatte, als Märchentante zu gelten. Wie auch immer.

Ansonsten verlief auch der nächste Tag des Seminars, an dem wieder Kassetten gehört wurden, für mich im wahrsten Sinne des Wortes im Schlaf. Die Kassetten waren mit Rauschtechnik unterlegt, so dass sie über die Entspannung in den Traum führten, und jeder träumte auf seine Weise, manche laut schnarchend, so dass die anderen davon wach wurden. Nur einige hatten wundersame Träume, die sie voller Entzücken erzählten.

ENTSCHEIDUNG

Ob das Traumseminar nun tatsächlich der Grund war, kann ich nicht mehr sagen, auf jeden Fall kaufte ich das Geschäft, wenn auch nicht ganz ohne ein Gefühl von Angst in der Magengrube. Wovor hatte ich wieder einmal Angst? Angst, mich zu überschätzen? Angst, am Ende zu versagen? Wieder einmal stand ich unter Leistungsdruck. Was würde da nicht alles auf mich zukommen? Viel Arbeit, Verantwortung und bergeweise Schulden. Natürlich, überlegte ich, würde ich mich schon durchbeißen, denn das hatte ich ja im Leben gelernt.

Ich stutzte. Es war, als leuchtete ein Warnsignal auf. Plötzlich wurde mir klar: Durchbeißen wollte ich mich nicht mehr! Denn dass dies nicht der Sinn meines Lebens war, hatte ich hoffentlich inzwischen gelernt und am eigenen Leibe gespürt. Nein, jetzt wollte ich neu anfangen und das nicht nur im Geschäft.

Vorerst aber blieb alles beim alten. Ich hing zwischen Vergangenheit, Gegenwart und Zukunft. Ich bewunderte, wie Ted und Ilse Heiland ihr Leben meisterten und misstraute ihnen zugleich, immer in der Erwartung, Fehler zu entdecken. Denn kein Mensch konnte so vollkommen sein, wie es hier den Anschein hatte. Viel, viel später fand ich dann wirklich heraus, dass auch sie nicht immer Helden waren, dass auch sie nicht ohne Schwächen lebten. Aber zu dem Zeitpunkt war es mir nicht mehr wichtig. Ich hatte durch sie mein Leben verändert und eine neue Richtung eingeschlagen. Als ich hörte, dass Frau Heiland ihre Kinder verprügeln sollte und ihre Ehe wohl nur zum Schein bestand, dass auch von ihren Patienten der eine oder andere verstarb oder, wie es unter Esoterikern heißt, seine Aufgabe hier erfüllt hatte, war ich anfangs entsetzt. Später nahm ich einfach zur Kenntnis, wie sehr auch sie menschelte, wie auch sie eine Fassade benötigte, trotz allem Wissen und Können. Wie nah war sie doch meiner Unvollkommenheit und konnte doch so hilfreich sein.

Das erste Traumseminar hatte mich sehr beeindruckt und ich begann, wenn auch nur innerlich, gerade die ersten Schritte auf Ted zuzugehen, da geschah etwas Schreckliches. Am Ende des Seminars sagte Ted: „Ich will mal sehen, ob Ted-Zwei zu euch sprechen möchte." Er schaute in die Runde und fragte: „Ist jemand hier, der Ted-Zwei noch nicht kennt?"

Es waren einige.

Gut, sagte er, lasst euch erklären: „Ted-Zwei? Er ist ein Wesen, das durch mich spricht und eure Fragen beantworten kann. Ich gehe kurz in Trance und bitte um Ruhe, damit ich in die Entspannung gehen kann. Aus der Ecke hörte ich, wie Lisa sagte: „Jetzt chanelt er." Bei mir nur Schulterzucken und Kopfschütteln. Eine Frau verließ den Raum. Ich rückte in die äußerste Ecke. Mit angewinkelten Beinen, um die ich meine Arme schlang, harrte ich der Dinge, die da kommen sollten, in der Stille aus. Nach ca. 15 Minuten ein Schnaufen und Pusten, der Stuhl begann zu wackeln und drohte unter den Bewegungen von Ted, oder war es schon Ted-Zwei, umzustürzen. Eine Stimme, so laut, so schrill und heftig, fast unmenschlich, ertönte, so dass ich versuchte, noch tiefer in die Ecke zu kriechen. Leider gab die Wand nicht nach. Erst erfasste mich Angst, doch nach einer Weile kam ich mir so richtig veralbert vor. Wurde mir, wurde uns allen hier nur etwas vorgespielt? Hatte Ted das nötig? Dass die anderen Teilnehmer begeistert von den Botschaften und von der Energie waren, die, wie sie sagten, ihnen soviel Kraft für den Alltag gab, erschien mir unerklärlich. Wieder einmal war ich geschockt und dachte wieder einmal: Hier sieht mich keiner mehr.

Zu Hause musste ich immer wieder an Geschichten meiner Großmutter denken. Geschichten von Menschen mit übersinnlichen Kräften, die hexen und verhexen können, vereinten sich in meinem Kopf mit dem Phänomen Ted-Zwei und mit meiner Empörung über dessen Erscheinungsweise. Ich fragte eine Bekannte: „Was ist eigentlich Chaneling?" Sie schwieg für einen Moment und schaute mich verdutzt an, (war das etwa eine Bildungslücke?), gab dann aber mit glänzenden Augen Auskunft: „Chaneln ist Kanalsein für geistige Wesen, die sich durch besonders ausgewählte Menschen aus dem Jenseits zu Wort melden. Sie wollen uns Mitteilungen machen, die für uns wichtig sind", fügte sie hinzu. „Ted-Zwei ist so ein besonderer Mensch", sagte sie, „und seine Aussagen sind brillant, sie sind wie Zeichen."

Ich schluckte, diese Aufklärung zerstreute meine Bedenken nicht. Die Verklärung in ihren Augen war auch ein Zeichen für mich, dass sie weit von meiner Realität entfernt war. Ich grübelte weiter über einer Erklärung für das Phänomen von Ted-Zwei, suchte nach einem Weg, diese neue Erfahrung für mich greifbar zu machen. Es gab nur eine Vorstellung, die ich einigermaßen akzeptieren konnte, eine Vorstellung, die ich aus meiner Meditationsrunde bei Frau Heiland kannte. Alle Gedanken ziehen lassen und in völliger Entspannung den Zustand der Trance erreichen und dem Unterbewusstsein freien Lauf lassen.

Das Juweliergeschäft, die völlig neue Aufgabe, brachte mich erst einmal auf den Boden der Tatsachen zurück und nahm fast meine ganze Zeit und Aufmerksamkeit in Anspruch. Wände ausbrechen, Schutt beseitigen, tapezieren, einrichten, Ware einkaufen, dekorieren. Zwischendurch, wie aus weiter Ferne – Vampire, Dynamik, Geisthelfer, Gesundheit, Krankheit und Farbe. Und dann wieder: Kredit beschaffen und Finanzamt. Einerseits war ich wieder im alten, vertrauten Element, andererseits startete ich kleine Versuche, Gesundheit und das Bedürfnis nach Harmonie und innerer Zufriedenheit in mein Konzept mit einzubeziehen.

Das bedeutete: Über Gesundheit und Krankheit, den Sinn des Lebens, Wirklichkeit und Traum mir so meine Gedanken machen und mich manchmal auch mit Menschen aus dem inzwischen vertrauten Esoterikkreis austauschen. Allerdings beschränkte ich mich dabei weitgehend auf das Zuhören. Zuhören und Beobachten war für mich inzwischen ein wichtiger Weg zur Selbsterkenntnis. Ich lernte in den Schwächen der anderen meine eigenen erkennen und akzeptieren, was mir beim Sprossenkrieg auf der Leiter der Erkenntnis eine große Hilfe war. Alle wollten sich entwickeln. Alle strebten aufwärts. Alle hatten sich weiterentwickelt. Wohin? Na dorthin, wo viele noch lange nicht waren. Die Menschen, die die Erleuchteteren nicht verstanden, die nicht ihrer Meinung waren, wurden als unterentwickelt oder entwicklungsbedürftig eingestuft.

Es kam mir vor wie auf der Himmelsleiter. Jeder wollte hinter die Wolken schauen, denn nur dort war das Gesuchte, die Glückseligkeit. Stundenlang konnten die „Entwickelten" über andere Menschen tuscheln und fanden tausend Mängel, natürlich völlig wertfrei gesehen. Auf die Frage, was sie denn unter Entwicklung verstehen würden, hörte ich immer eine höchst nebulöse Antwort. Sie wussten immer, was der andere dachte, fühlte und brauchte. Das schien ein riesiger Fortschritt zu sein. Was sie selbst brauchten, wussten sie oft am wenigsten. Ich sah darin eigentlich nur einfache, alltägliche Menschenkenntnis und befand mich wohl damit nur auf einer unteren Sprosse. Allerdings wollte ich ja auch nicht auf die Himmelsleiter. Ich wollte ja nur hier auf Erden mein Leben in Ordnung bringen. Und so werde ich unten weiterleben und geduldig warten, bis sie mir voller Zufriedenheit von der höchsten Sprosse winken, um mir mitzuteilen, dass sie ihr Ziel erreicht haben.

Wenn ich nun meine Esoteriker ab und an traf und erfuhr, wie weit sie über den Dingen, was immer das auch bedeuten mochte, stünden und dass sie ja fast überhaupt nichts mehr aus der Bahn werfen könnte, war ich jedes Mal verwundert, wie wenig ich davon bemerkte. War ich nicht sehend? Wusste ich nicht, wovon sie sprachen? Sie müssten doch Zufriedenheit, Erfolg und Glückseligkeit ausstrahlen. Weshalb spürte ich, warum sah ich nichts von alledem? Meine Wahrnehmung und meine Gefühle ließen mich eigentlich selten im Stich. Na ja, eines Tages werde ich schon dahinter steigen. Eines Tages, wenn ich meine kleine, eigene Welt begriffen habe, werde auch ich mich aus den Verwicklungen heraus entwickelt haben.

Trotz all der unverständlichen Dinge und Vorstellungen wuchsen mir die Menschen, die ich am Anfang nur nach Äußerlichkeiten beurteilt und auch kritisiert hatte, ans Herz. Ich stellte mir oft die Frage nach dem, was uns verbinden mochte, wenn auch nur für Stunden oder Wochenenden.

Seit ich diese seltsamen Seminare besuchte, sah mich meine Familie lieber von ferne. Und meinen alten Freunden war ich wohl zu unbequem geworden, seit ich mich hier und da schon mal im Neinsagen übte. Insgesamt war mir nach meiner Scheidung wenig Gesellschaft geblieben außer meinen neuen Bekannten aus dem Kreis der „Selbstverwirklicher", wie man sie damals nannte. So entschied ich mich, an einem Ferienseminar auf Gran Canaria teilzunehmen. Ich überlegte kurz, ja, ich konnte es mir leisten. Mein Geschäft lief gut, und ich hatte eine zuverlässige Mitarbeiterin. Kurz entschlossen buchte ich Seminar und Reise. Erst später wurde mir bewusst, dass es meine erste Reise allein, ohne Mann und ohne Kind sein würde. Ein wenig Angst beschlich mich. Merkwürdig, wie schwer ich mich in meiner ersehnten Freiheit zurechtfand.

Freiheit? Nein, Freiheit war das nicht. Noch nicht. Immer noch war ich in meinen Ängsten gefangen. Da war Lebensangst, Versagensangst, Angst, das Leben nicht zu meistern, ohne zu wissen, was es eigentlich zu meistern gab. Was erhoffte ich mir? Vollkommenheit?

Eigentlich wollte ich nur geliebt werden. Aber geliebt, das hatte ich erfahren, wurde man nur für Leistung, für strahlendes Lächeln, für Vollkommenheit. Wollte ich vollkommen sein? Und was ist denn wirklich Vollkommenheit? Wer legt denn den Maßstab an? Wer ist für mich vollkommen? Hatte ich nicht feststellen müssen, dass all meine neuen Freunde auf der Suche nach der Vollkommenheit und nach dem vollkommenen Glück waren. War es das, was uns verband? Ich suchte nach einem vollkommenen Glücksgefühl in meinem Leben. Und jetzt fiel es mir auf: Natürlich hatte ich dieses Glücksgefühl erlebt. Nicht allzu oft, aber ganz besonders bei der Geburt meines Sohnes und natürlich auch, als ich meinen Mann kennenlernte. Sicher gab es viele glückliche Momente, aber augenblicklich lagen sie alle so weit in der Vergangenheit, nicht mehr greifbar. Fast in Vergessenheit geraten. Wer aber war vollkommen? Ich überlegte lange. Ich war nicht sicher, ob ich jemanden kannte, der wirklich diesem Anspruch gerecht wurde. Ohne Makel, ohne Tadel, ohne Schwächen, ohne Ängste, ohne Zweifel. War es Ted? War er vollkommen? Die Ladenglocke unterbrach meine Gedanken und führte mich wieder in den Alltag zurück.

FERIENSEMINAR

Der Koffer war schnell gepackt. Ich versuchte, alle Ängste und Bedenken, die mir zu allein reisenden Frauen einfielen, auszuklammern. Dennoch flog ich mit Herzklopfen nach Gran Canaria, wo ich unbeschadet und äußerlich vollkommen selbstsicher landete.

Es war ein schöner und sonniger Nachmittag, und ein sanfter, kühler Wind machte die Temperaturen erträglich. Die Luft schmeckte würzig vom nahen Meer, überall vor dem Hotel und in den Hallen üppige Palmen. Das Hotel erschien mir riesig groß, und ich fühlte mich einsam. Die Tür meines Zimmers war nicht besonders gesichert, der Balkon von allen Seiten zugänglich. Unbehagen beschlich mich, aber dafür blieb nicht allzu viel Zeit, denn die Seminargruppe sollte sich bald zum Dinner treffen. Ich dachte an den Weg zum Speisesaal, der noch vor mir lag. Im Geiste sah ich schon die endlosen Tischreihen, ein Tisch am anderen mit lachenden, scherzenden Menschen. Pärchen, Freunde – würden sie sich alle umdrehen und beobachten, wie eine verängstigte, geschiedene Frau nach ihrer Teilnehmergruppe sucht? Würden sie vielleicht Verachtung und Abscheu oder Mitleid und Belustigung empfinden? Sicher würde ich mich schon beim Versuch lächerlich machen, den Speisesaal überhaupt zu finden, dachte ich. Ich würde mich erkundigen, und der Concierge würde sagen: „Si, Senhora, gleich dort drüben." Aber er würde sich denken, ihr verkniffenes Gesicht, Senhora, macht sie nicht gerade zu einer Zierde unseres Hauses. Mein mit auf die Reise genommener Teddybär als Trostspender in dieser neuen und verwirrenden Situation kam mir jetzt genauso lächerlich vor wie ich mir selbst. Aber es war schließlich meine erste Reise ohne Mann und Kind nach 16 Jahren. Ich hatte das Alleinsein verlernt. Früher, ja da war das anders, da war ich verheiratet und hatte einen Mann im Rücken, noch dazu einen Mann, der das Leben kannte, und Geld spielte auch keine Rolle. Früher, da fühlte ich mich sicher. War ich auch meiner selbst sicher?

Tief durchatmen, ein Blick in den Spiegel. Nur nicht nachdenken. Den Blick sicher geradeaus, Kopf hoch erhoben, gespieltes Selbstbewusstsein, ein saloppes Lächeln. So steuerte ich mit weichen, aber nicht wackelnden Knien in den Speisesaal. Gott sei Dank erblickte ich Ted. Gott sei Dank sagte er mir gleich, wo die Gruppe saß. Gott sei Dank saßen dort schon einige bekannte Gesichter. Ich hatte es geschafft. Es hatte mich eine Menge Kraft gekostet. Die bekannten Gesichter schienen sich zu freuen. Ich wunderte mich zwar, war aber unendlich dankbar und ließ ihre Umarmungen über mich ergehen. Niemand sonst schien mich zu beachten.

Viele der Teilnehmer hatten schon begonnen, das üppige Büfett in Augenschein zu nehmen und ich schloss mich ihnen an. Forschen Schrittes eilte ich zur Tafel und stieß mit einer blonden Frau meines Alters zusammen, die mich etwas rüde fragte, ob ich mich wohl vordrängen wollte. Ich wollte nicht. Erstens ist es nicht meine Art und zweitens war mein ohnehin geringer Appetit noch durch ein mulmiges Gefühl in der Magengrube beeinträchtigt. Ich lächelte sie also um Nachsicht bittend an und entgegnete, wir wären doch in den Ferien und hätten keine Eile. Wozu also drängeln? Sie aber blähte sich auf wie eine Pute und herrschte mich an: „Woher wissen Sie, dass ich in Ferien bin?" Eigentlich war es mir egal, was sie hier tat, aber ich konnte nicht umhin, diese Frau näher in Augenschein zu nehmen. Ihr kurzer Rock, ihre hochhackigen Schuhe, ihre Bluse – alles wirkte so, als hätte sie, wäre sie ein Mann gewesen, einen brokatverzierten Matrosenanzug getragen. Dazu kam ein kleiner Brillant in der Halsgrube, bombastische Ohrhänger und diverse Ringe an den manikürten Fingern. Sie sah genauso aus, wie mein Sohn sie später einmal nennen sollte, wie ein süßes Püppchen. War sie Püppchen oder wollte auch sie wie ich ihre Ängste verbergen und Mauern bauen?

Um das Wenige, was sie von sich gab, zu unterstreichen, rollte sie wild mit den Augen, als könne sie allein dadurch Verstärkung herbei rufen. Ich schlenderte weiter am Büfett entlang und beschäftigte mich danach mit dem, was einem Schnitzel täuschend ähnlich auf meinem Teller lag. Allerdings misstraute ich diesem Objekt dann doch und beschloss, mir lieber mit dem grell orange, grün und rosa gefärbten Eis den ohnehin angeschlagenen Magen zu verderben. Unruhe an einigen unserer Tische veranlasste mich bald, den Seminarraum aufzusuchen. Dort nahm ich auf dem ersten freien Stuhl, der sich mir bot, Platz – und wer saß neben mir? Na, wer wohl. Püppchen rollte immer noch oder schon wieder mit den Augen. Wohl diesmal, um mir klar zu machen, dass der Anranzer am Büfett nicht so gemeint war. Wir lächelten verlegen und harrten der Dinge, die da folgen sollten.

Ted stellte sich allen Anwesenden kurz vor und erklärte das vertrauliche Du zur Geschäftsordnung. Er forderte uns dann auf, uns mit unseren Platznachbarn bekannt zu machen und uns gegenseitig zu berichten, was wir so alles mit unserem Leben anfangen würden. Püppchen wählte mich als Gesprächspartnerin. Es war mir ganz recht, denn sie hatte immerhin bei mir etwas wieder gutzumachen. Lorelei, so hieß sie wirklich, würde aber immer nur Lore genannt. Geschieden, ein Kind und sehr, sehr viele Sorgen und Nöte. Sie lebte seit einigen Jahren hier auf Gran Canaria. Ich wunderte mich sehr, mit welcher Offenheit sie mir über ihren Ex-Mann, diverse mittelmäßige Liebesbeziehungen und ihre finanzielle Situation usw. Auskunft gab. Sah ich denn so vertrauenswürdig aus? Oder hatte sie andere Gründe? Anschließend war ich an der Reihe. Wir hatten einiges gemeinsam. Auch ich war geschieden, wir waren im gleichen Alter wie auch unsere Kinder, beide Söhne. Dennoch berichtete ich nicht so offenherzig aus meinem Leben, wie sie es getan hatte. Aber ich wusste ja auch schon von früheren Seminaren, was anschließend folgen würde. So wartete ich auf ihre Reaktion, als Ted uns aufforderte, der Gruppe von 30 Teilnehmern mitzuteilen, wer da neben uns säße. „Um Himmelswillen," raunte mir Lore leise zu, „du willst doch nicht etwa alles erzählen, was ich dir gerade gesagt habe." Sie fürchtete sich offensichtlich genauso davor wie ich, ihr Innerstes offen darzulegen. Wollten wir um jeden Preis unser Gesicht waren? Mir ging es in dieser Situation gut. Ich hatte wenig erzählt. Vielleicht hatte ich ja auch in den vergangenen Seminaren einen Teil meines Gesichtes schon verloren, so dass es jetzt nicht mehr so weh tat, auch noch einen weiteren Teil zu verlieren. Aber ich konnte mich bestens in ihre Lage versetzen und ich spürte Lores Ängste viel zu gut, als dass ich ihre persönlichen Details ausgeplaudert hätte. Ich sprach also nicht vom gebrochenen Herzen und nicht von vergossenen Tränen, ließ Ehescheidung und Erziehungsschwierigkeiten aus. Pflichtgemäß gab ich nur Namen, Alter und Wohnort an und gewann damit eine Freundin.

Es war ein Traumseminar im doppelten Sinne des Wortes. Denn abgesehen von den mitgebrachten privaten Nöten und Ängsten, waren die Umgebung und Gesellschaft wirklich traumhaft. So weit das Auge schauen konnte, sah man nur Meer und Sonne. Schroffe Klippen ragten wie Giganten in den Himmel hinauf. Überall blühten wundervolle Blumen und das unter einem Himmel, der weit und hell eine seltsame Freiheit verkündete, die ich erst finden sollte.

Ich habe danach noch viele schöne, aber nie mehr ein so schönes Seminar miterlebt. Oft hoffte ich später, wieder einmal wie in diesem Seminar träumend mein Leben in die eigenen Hände zu nehmen.

Nach einer Einführung über die verschiedenen Traumebenen, über die Gestaltung der Zukunft durch Träume und über die Entscheidung, welchen Weg wir in Zukunft gehen wollten, begann das Traumseminar. Wie üblich mit den dazugehörigen Kassetten. Ted erklärte uns, dass wir hier in einem bewussten Traum einen Blick in unsere Zukunft werfen könnten, um dann zu entscheiden, ob wir sie so, wie wir sie sähen, gerne erleben würden oder vielleicht etwas ändern wollten. Jeder nahm seinen Liegeplatz ein, setzte die Kopfhörer auf, und schon begann eine sanfte Melodie, uns in die Träume zu wiegen. Noch ehe ich recht wusste, was mir geschah, fand ich mich ganz verzaubert in meiner Traumwelt wieder.

EIN SCHÖNER TRAUM

Ich stehe auf einer grünen Wiese inmitten von spielenden Kindern und plötzlich verwandelt sich die Welt rings um mich in eine andere, genauso wunderbare. Soweit ich sehen kann erstrecken sich vor mir glitzernde und funkelnde Kristalle, egal in welche Richtung ich mich wende. Die kristallinen Formen sprühen mir von überall ihr Licht entgegen. Als stehe ich mitten in einer Tropfsteinhöhle, fühle ich mich von einer anmutigen Magie in Bann geschlagen. Plötzlich nehme ich wahr, dass die Kristalle singen. Von jedem scheint ein eigener, voller Klang auszugehen. Und obwohl jeder Kristall auf seine eigene Art und Weise musiziert, webt sich doch ein Teppich aus den verschiedenen Klängen zu einem harmonischen Ganzen, das den Raum und mich durchschwemmt wie eine Meeresströmung, die durch Korallen drängt. Von ferne dringt eine Frage an mein Ohr: Was bedeutet dieser Traum? Ich habe keine Antwort. Sie scheint mir auch überhaupt nicht nötig. Obwohl ich die Stimmung festhalten möchte, teilt sich nun das Bild. Mit meinem linken Auge scheine ich immer noch die zauberhafte, regenbogenfarbene Vielfalt der Kristalle wahrzunehmen. Mit dem rechten sehe ich in mein Juweliergeschäft, das profan und langweilig wirkt angesichts der Mannigfaltigkeit, die sich mir auf der anderen Seite zeigt. Ich versuche, beide Bilder zu vereinen, sehne mich nach Einklang. Da ändert sich die Szene erneut. Ich stehe unvermittelt in einem Geschäft, das mit den edelsten und schönsten Steinen angefüllt zu sein scheint. Mitten im Raum, in dem ich stehe, sitzen Männer und meditieren entspannt in einem Kreis. Obwohl ich eine sehr friedvolle und liebevolle Atmosphäre spüre, kann ich mir die Situation nicht erklären. Ich wende mich um und erblicke meinen Sohn in einem Zimmer, das nicht sein Zimmer in unserer Wohnung zu sein scheint. Er sitzt in diesem Zimmer vor einem riesigen Bergkristall, der so hoch ist, dass er fast die Höhe des Raumes erreicht. Dieser Kristall strahlt heller als ein Diamant. Seine Kraft scheint den ganzen Raum zu durchdringen und zu verändern. Obwohl ich ein Gefühl von daheim in mir trage, ist es vielleicht diese veränderte Kraft, die mich den Raum nicht als mein Zuhause erkennen lässt. Mein Sohn jedenfalls, wohl in tiefer Kontemplation versunken, spürt irgendwie, irgendwo meine Anwesenheit. Eine solche Pracht und Kraft hatte ich nie zuvor erlebt. Ich bin so überwältigt von diesem Erlebnis, dass ich keine weiteren Fragen in meinen Kopf bekomme. Ich genieße einfach die Stil-

le und den Frieden und eine Schönheit, die ich noch Jahre später spüren sollte, deren in Worte gefasste Beschreibung aber
nicht auszudrücken vermag, was ich dabei empfinde. Die Iden-
tifikation mit meinem Traum-Ich ist vollkommen. Diese Welt
ist spürbar durchdrungen von Frieden und Harmonie.

Sanft führte Teds Stimme über die Kopfhörer zurück in die
Wirklichkeit, in der ich überwältigt und glücklich schließlich meine
Augen öffnete.

Die anschließenden Fragen nach unseren Traumerlebnissen
mochte ich nicht beantworten. Ich wollte diese schönen und
fast erschütternden Erlebnisse ganz für mich behalten und
lauschte also nur den Berichten der anderen Teilnehmer. Einige
klangen so, wie mein eigener Traum, wenn man ihn als Mär-
chen erzählt.

Natürlich konnte ich trotz der wundersamen Begebenheit
nicht davon lassen, mir die Frage nach der Relevanz der Traumerlebnisse zu stellen. Waren das tatsächlich verschlüsselte oder
direkte Einblicke in meine Zukunft oder waren es nur unbe-
wusste Wunschvorstellungen, die wie ein Film vor meinem geistigen Auge abliefen. Die Träume schienen ungewöhnlich real.
Sie schienen ebenso real wie mein wirkliches Leben. Wo also
lag der Unterschied? Ist Tod vielleicht auch nur ein Traum?
Wenn dies so wäre, könnten wir nach unserem Tod dann einfach ein Leben weiter träumen, das so wäre wie unser jetziges,
wirkliches Leben? Haben wir im Tod dann den Traum vom
Leben? Oder träumen wir unser jetziges Leben vielleicht auch
nur auf irgend eine sonderbare Art und Weise? – Noch lange
sollte mich diese Frage beschäftigen.

Ich war in eine seltsame, mystische Welt eingetaucht, bei der ich mir noch nicht sicher war, was sie überhaupt darstellte und was ich von ihr zu halten hätte. Hatte ich Angst, an diese wundersamen, orakelhaften Bildwelten in mir zu glauben? Was auch immer mich in diesen Ferien beunruhigte, die Irritation war gleichsam ein Motor, der mich in Bewegung setzte, irgendwie weiterzumachen. Die Neugier auf mich und auf eine ganz andere Welt als die, die ich bisher gekannt hatte, war in mein Leben getreten.

Viele Kassettenübungen schlossen sich an. Viele Träume wurden geträumt. Kein einziger Traum hat so viel Eindruck hinterlassen, wie der Traum der Kristalle. Es dauerte lange, bis ich die Sprache meiner Träume deuten konnte. Ich erinnere mich, wie ich das erste Mal in meinem Leben in diesem Seminar lernte, mich mehr und mehr in meine Träume fallen zu lassen. Obwohl ich mich vor dieser mystischen Welt fürchtete, sagte ich mir: Du musst es geschehen lassen. Ich wusste, ich musste es tun, selbst wenn ich dabei sterben sollte. Ich glaube, man muss dieses Gefühl erst selbst erlebt haben, um zu begreifen: Alle Angst bündelt sich in einem Gefühl von Ziel- und Haltlosigkeit. Etwas, das man so nur bei Traumreisen oder außerkörperlichen Erfahrungen erlebt. Am Ende des Seminars beschloss ich, wenn mehr als nur ein Fünkchen Wahrheit an dem, was Ted zu vermitteln versuchte, war, es herauszufinden. Die Zukunft würde zeigen, ob an meinen Träumen etwas Wahres dran war. Dann, so dachte ich, würde Ted von mir eine Medaille bekommen, und ich würde mich bei ihm bedanken. – Die Medaille hat er noch nicht, mein Dank ist ihm sicher.

VERALTETE MORAL ODER:
GANZ SCHÖN SPIESSIG

Eine schöne Zeit ging zu Ende und meine neu gewonnene Freundin Lore beschloss, mich zum Flughafen zu begleiten, um mir einen angenehmen Abschied zu bereiten. Ich fühlte mich herrlich, denn in meiner Ehe waren mir Freundinnen nicht vergönnt gewesen. Mein Mann war viel zu eifersüchtig, um auch nur eine einzige Aufmerksamkeit von sich auf andere lenken zu lassen. Und so war Lore seit meiner Kindheit und Jugendzeit die erste, mit der ich mich von Herzen verbunden fühlte. Sie hatte mir mein Alleinsein leichter gemacht, wir hatten über unsere Sorgen geklönt und uns gegenseitig Mut gemacht. Ich war stolz, mit ihr befreundet zu sein. Am Flughafen tranken wir noch rasch einen Kaffee und plauschten, als wären wir schon ewig befreundet. Wir versprachen, in Kontakt zu bleiben und sie lud mich ein, einmal Ferien in ihrem Haus auf Gran Canaria zu verbringen. Ich sagte: „Wenn du in Berlin bist, komm jederzeit zu mir."

Und dann, dann geschah es. Lore tat das, was meine Beziehung zur ihr bis auf ihre Grundfesten erschüttern sollte, und sie tat es mit solcher Selbstverständlichkeit, dass es mich einfach vom Stuhl fegte. Sie sah mich freundlich, fast zärtlich an und sagte: „Weißt du, dass du wunderschöne Augen hast?" Und dann streichelte sie mir über die Wangen. – Sie muss mein entsetztes Gesicht gesehen haben, konnte es aber glücklicherweise nicht deuten und zog schnell ihre Hand zurück. Gut, dass sie nicht Gedanken lesen konnte, denn sie hätte mir meine sicher nicht verziehen.

Heute muss ich über mich selbst lachen. Damals war mir nicht danach. Oh Gott, dachte ich, hoffentlich ist die nicht lesbisch. Bestimmt ist sie lesbisch, wie sonst kann sie mich so zärtlich, ja fast verliebt ansehen. Warum muss so etwas ausgerechnet mir passieren? Verwirrt und mit einem großen Unbehagen verabschiedete ich mich von Lore und machte, dass ich ins Flugzeug kam. Lange dachte ich noch über den Vorfall nach.

Um Himmels Willen, sollte die neu gewonnene Freundschaft so abrupt enden? Sollte Lore etwa ganz andere Vorstellungen von unserer Freundschaft haben als ich? Wie sonst konnte sie so unnatürlich zärtlich über meine Wangen streichen und mir so sinnig in die Augen schauen. Könnte ich mit ihr darüber reden, sie fragen, was sie sich dabei dachte? Sind das vielleicht für sie ganz normale Regungen, die ich einfach nur falsch deutete? Nein, ich hatte nicht den Mut, sie darauf anzusprechen. Meine immer noch vorhandene anerzogene Angst vor Dingen, die nicht sein durften, Spießigkeit und immer noch existierende Vorstellungen von Verborgenem aus der Kindheit hinderten mich. Die Gedanken flogen hin und her. Wäre es möglich, mit einer Frau, die lesbisch ist, ganz normal befreundet zu sein? Wäre es für mich möglich? Wenn sie mich umarmt, denkt sie vielleicht immer ganz etwas anderes. – Oh Gott, war ich verklemmt. So wanderten meine Gedanken hin und her, in die Vergangenheit und in die Zukunft. Alles ballte sich wie ein Gewitter über meinem Kopf zusammen. – Da kam die Ansage, dass wir in Kürze in Berlin landen würden.

Von Ferne schon sah ich meinen Sohn freudig winken. Ich war glücklich, ihn in die Arme zu schließen. Und so begann wieder der ganz gewöhnliche Alltag. Natürlich musste ich berichten. Mein Sohn wollte genau wissen, wie das Seminar verlaufen war, mit was für Leuten, wie ich mich gefühlt und vor allem aber, was ich geträumt, was ich für die Zukunft erkannt hätte, denn es war ja auch seine Zukunft. – Ich berichtete.

Beide träumten wir jetzt mit offenen Augen. Wir träumten von einem Kristallladen, möglicherweise von einem Zentrum. Wir sahen förmlich die Kristalle funkeln. Es war ein wunderbares Gefühl, darüber zu reden. Dennoch, ließ mich meine Arbeit bald einen Teil der Träume vergessen, obwohl die Kristalle immer wieder ganz präsent waren. Ich erlebte eine schöne Zeit zwischen Traum und Wirklichkeit. Mein Juweliergeschäft lief gut, meine Gesundheit machte dank vieler, neu gefundener Erkenntnisse und meiner Heilpraktikerin merkliche Fortschritte. Gut erholt nach dem Ferienseminar, gewann ich langsam neue Freunde und schwebte ein wenig auf Wolken, kam aber immer wieder mit beiden Beinen auf die Erde zurück. Der Frühling, es war Mai, das Grün, der Duft der Knospen taten das Übrige dazu.

KRANKHEIT ODER ERFAHRUNG

Meine Heilpraktikerin war hoch erfreut über meinen gesundheitlichen Zustand. So besuchte ich sie nur noch zu den Meditationsrunden, das aber regelmäßig. Wenn auch manchmal ein unverständliches Kopfschütteln meinerseits nicht zu vermeiden war, so begann ich doch, diesen Kreis von Menschen auf eine ganz bestimmte Art und Weise zu lieben. Mein Kopfschütteln galt der esoterischen Sichtweise, dass es keine Krankheiten, sondern nur Erfahrungen gäbe. – Was wir da nicht alles erfahren in der fröhlichen Esoterikgesellschaft: Brichst du dir ein Bein, so nur deshalb, weil du nicht laufen magst. Hast du Halsschmerzen, möchtest du nicht reden. Brauchst du eine Brille, willst du etwas nicht sehen. Hast du Schnupfen, dann hast du

66

die Nase voll. Läuft dir der Zinken, willst du loslassen. – Fragen, die Frau Heiland immer wieder hörte, waren solche wie: Mir läuft meine linke Nasenseite, was ist denn mit mir los? Spätestens hier sollten aber die Leser bereits wissen, dass die Antwort nicht etwa – du hast Schnupfen, zieh dich warm an und inhaliere – lautete. Nein, natürlich war jedes Schniefen eine Erfahrung. Jedes Seitenstechen ein Loslösungsprozess. Jede Magenverstimmung ein Durchbruch. Für mich ein zwiespältiges Gefühl: Einerseits fühlte ich mich zu diesen Menschen hingezogen, andererseits irritierte mich diese Einstellung. Mir fiel oft Aschenputtel ein, und ich dachte: die Guten ins Töpfchen, die Schlechten ins Kröpfchen. Oder war es umgekehrt? Ich versuchte jedenfalls, das, was mir für mein Leben interessant und wichtig erschien, aus alledem herauszupicken und den Rest links liegen zu lassen. Ich wollte meiner Arbeit nachgehen, ich wollte Freude am hiesigen, am jetzigen Leben haben. Ich strebte nicht nach dem, was nach dem Tode kommen würde, ich strebte auch nicht nach Erleuchtung. Ich strebte einfach danach, das Leben hier lebenswert zu machen und jeden Tag in Dankbarkeit und Freude zu genießen. – Also blieb mein Schnupfen immer noch die alte von Muttern als Verkühlung kennengelernte, unangenehme Begleiterscheinung, eine Grippe immer noch eine Krankheit, die ich mir eventuell durch Leichtsinn oder Ansteckung zuzog und absolut nicht haben wollte und die ich mir auch nicht, wie ich es inzwischen in einigen Seminaren gelernt hatte, als Ausrede, weil ich nicht arbeiten wollte, zulegte. Ich war selbständig und eine Krankheit nützte mir da gar nichts. Das Geschäft brauchte seinen Mann, besser gesagt, seine Frau. Dennoch, ich nahm meine Krankheiten und Wehwehchen nicht mehr ganz so schwer und fühlte mich ihnen nicht mehr hilflos ausgeliefert. Musste mir auch eingestehen, dass ich die üblichen Kopfschmerzen in der Vergangenheit oft als Ausrede für „ich habe keine Lust" benutzte. – Oder schickte

mein Unterbewusstsein mir Kopfschmerzen, wenn ich keine
Lust hatte? Wie dem auch sei. Bewusst wollte ich niemals krank
sein, denn Krankheiten schränken das Leben ein. Aber ich war
krank. Und egal woher die Krankheit kam und warum, war ich
dankbar, dass nun Körper und Geist zur Ruhe kamen und sich
beide auf dem Wege der Genesung befanden.

ES GEHT AUFWÄRTS

Neue Theorien drangen immer mehr in mein Bewusstsein.
Oder wurden alte Einsichten nur durch Ted an die Oberfläche
befördert? Wurde mir nur bewusst, was im Ursprung des Menschen lag, was wir in der Zivilisation verloren haben, was wir
durch Fortschritt und Technik für überflüssig hielten? Wie es
auch sein mochte, eines war sicher, diese Überlegungen beschäftigten mich so sehr, dass wenig Zeit für Schwermut oder Depressionen blieb; wenn auch ein Auf und Ab zwischen hoch
und tief, zwischen Schweben und Auf-die-Nase-fallen sich ab-
lösten, bis schließlich auch das Gefühl von Frohsinn und Le-
benslust wieder an die Tür klopfte.

Ich dachte nicht mehr an die gescheiterte Ehe, die Tage der
gegenseitigen Vorwürfe, die Versagensangst. Das Leben war einfach nur schön und Gott sei Dank wieder lebenswert.

Urlaub und Traumseminar rückten in den Hintergrund. Das
tägliche Leben, Arbeit, Geld verdienen, Haushalt und mein Sohn
forderten meine Kraft. Mein Juweliergeschäft lief nicht ohne
meinen vollen Einsatz. Denn schließlich mussten dort Einkauf,
Verkauf, die Reparaturen, die Buchführung, die Dekoration und
vieles mehr erledigt werden. Manche Nacht machte ich zum
Tag und meine Freunde und meine Familie waren genauso dank-

bar für die Erfindung des Telefons wie ich. Auch meine Freundin Lore rief mich regelmäßig jede Woche an. Ich versuchte, zwischen den Worten zu hören, zwischen den Zeilen zu ergründen, ob mein Verdacht richtig war. Es dauerte fast ein Jahr, bis ich die Wahrheit erfuhr, aber ich möchte sie an dieser Stelle nicht preisgeben, nur feststellen, dass Lores sexuelle Neigungen völlig belanglos für unsere Beziehung waren. Noch heute wundere ich mich darüber, wie lange eine prüde Erziehung nachwirken kann. Wie froh bin ich, dass ich diesen ganzen Ballast aus meiner Jugend nicht auf mein Kind übertragen habe. Trotz meiner verklemmten Erziehung, oder vielleicht gerade deswegen, war ich immer bemüht, meinen Sohn offen und frei, ohne Vorurteile aufwachsen zu lassen. Rückblickend bin ich oft heute noch verwundert, wie viel Eltern von und mit ihren Kindern lernen. Ich erinnere mich zum Beispiel, dass meine Großmutter eine höllische Angst vor Gewitter hatte, die sie auf mich übertrug. Kein Gewitter, ohne dass ich mit gepackten Wertsachen bis zum Ende auf der Bettkante ausharrte. Als mein Sohn geboren wurde stand fest: Das kann ich dem Kind nicht antun. Es kostete viel Überwindung, aber wir schauten dem Gewitter, Blitz und Donner zu. Bald verging die Angst, und keine Wertsachen wurden mehr gepackt.

Während ich mich um unser finanzielles Wohl bemühte, beschäftigte sich mein Sohn, von mir anfangs fast unbemerkt, mit den von Ted vorgetragenen Theorien und Berichten von vergangenen, gegenwärtigen und zukünftigen Leben, mit den verschiedenen Bewusstseinsebenen, mit außerkörperlichen Erfahrungen und medialen Fähigkeiten. Von Jane Robert las er alle sieben Bücher und auch die von Bob Monroe. Er war also voll im „Esotrend" und führte mit mir darüber endlose Gespräche und Diskussionen. Mehr als einmal hatte ich Angst, er könnte der hiesigen Welt entgleiten und zwischen seinem und dem zweiten Körper, wie Bob Monroe beschrieb, nicht mehr unterscheiden. Oft hatte ich das Gefühl, ihn am Boden festhalten zu müssen. Seine Veränderungen und Erfahrungen und meine Versuche zur „freien und glücklichen" Lebensgestaltung komplizierten unser Zusammenleben zeitweilig erheblich. Viele alte, eingefahrene Muster hatten plötzlich keine Gültigkeit mehr, jeder versuchte, sich freizuschaufeln, ohne den anderen zu tangieren. Alte Gewohnheiten wurden durch neue Möglichkeiten ersetzt, nicht immer schmerzlos. Oft hatte ich Furcht vor unüberschaubaren Veränderungen, bei denen ich nicht wusste, ob sie nicht Gefahren bergen könnten.

Viele Seminare besuchte ich währenddessen, deren Themen ich nicht mehr genau erinnere. Jedoch ist mir im Gedächtnis geblieben, dass ich damals begann, etwas über mein Leben zu verstehen. Nicht immer begriff ich die Menschen um mich herum, aber ich begriff mich selbst immer besser. Und damit wuchs auch meine Bereitschaft zu mehr Toleranz.

DER EDELSTEIN

Während ich so auf vielfältige Weise bemüht war, mein Leben zu gestalten, kam mir der Kristalltraum immer wieder in den Sinn. Irgend etwas ging von diesem Traum aus, das mich ständig beschäftigte. Der Anblick der Edelsteine gab mir solche Ruhe, Stille und Zufriedenheit, dass ich bei diesem Gefühl nur dachte: Dieses Gefühl will ich behalten. So oft es möglich war, schloss ich die Augen, um diese Stimmung, diesen Frieden zu spüren. Bis ich eines Tages die Augen öffnete und meinen eigenen Edelsteinladen hatte.

Natürlich lag davor die Wirklichkeit vorbereitender Planung. Das hieß, Gespräche mit meinem Sohn, der 1989 gerade sein Abitur gemacht hatte, ob und wie ein zweites Geschäft realisierbar wäre, mit welchem Geld, und wie den passenden Laden finden. Nichts, aber auch gar nichts schien mir wichtiger als der Wunsch, meinen Traum zu erfüllen. Kein Hindernis hätte mich aufhalten können, aber vorerst gab es auch keines. Mein Sohn war begeistert und versprach, seinen Teil zum Gelingen beizutragen. Sicher auch in der Hoffnung, dem neuen Bewusstsein näher zu kommen. Also machten wir uns auf, mehrere Geschäfte zu begutachten. Wie sagen die Esokinder? Was ohne Schwierigkeiten in unser Leben tritt, ist immer das Richtige auf unserem Weg zum Ziel. Wir fanden schnell und unkompliziert das geeignete Objekt und vertrauten auf diese Weisheit.

Inzwischen fühlte auch ich mich wie die meisten Esoteriker berufen, das, was ich gehört, gelernt, verinnerlicht und umgesetzt hatte, zu verbreiten, mein neues Bewusstsein auch anderen mitzuteilen. Wie ihnen, so war auch mir klar, dass ich natürlich alles besser wusste, dass ich für die anderen natürlich immer einen Ausweg aus allen Lebenslagen kannte. Nach kurzer Zeit glaubte auch ich, den Menschen einen Dienst zu erweisen, indem ich meine Ratschläge gleich im Dutzend weitergab und mich mindestens für eine angehende Hellseherin oder Heilerin hielt. Das war eine Zeit! Alle wussten alles besser. Jeder hielt sich für den Nabel der Welt. Nur keiner wusste, was ihm selbst fehlte oder nützte. Alle wollten wir uns selbst verwirklichen, auch mein Sohn. Er kramte gründlich in seiner Kindheit, um herauszufinden, was ich alles falsch gemacht hatte. Da war eine Menge zu finden, denn schließlich war ich eine ganz normale, liebevolle Mutter. Ja, ich hatte dem Kind viel zu viel Dinge abgenommen, so konnte er ja nicht selbständig werden. Ich hätte ihm Schuldgefühle eingepflanzt, ihn mit meinem

Reinlichkeitstick geradezu in die Unordnung getrieben. Am schlimmsten aber war, dass ich ihn förmlich zum Kieferorthopäden geschleppt hätte und er meinetwegen so leiden musste, obwohl er seine Zahnlücke lieber behalten hätte. Meine Argumente, dass ich doch nur das Beste für ihn wollte und auch der Arzt nichts Böses im Sinn hatte, zählten nicht. Alle Vorwürfe verstummten erst, als mir gerade noch rechtzeitig einfiel, dass er sich ja wohl (nach Meinung der Esoteriker) seine Eltern ausgesucht habe, bevor er das Licht der Welt erblickte und sich demzufolge völlig klar sein müsste, dass er auch die daraus folgenden Umstände anzog. – Da war mir doch wieder etwas Tolles eingefallen! – Na, schließlich hatte ich für meine Weisheiten doch schon einiges bezahlt.

Mit meinen Edelsteinkenntnissen aus der Juwelierbranche und den „Weisheiten", so dachte ich, musste das Vorhaben gelingen. Wir beschlossen, das Geschäft auf den Namen „Der Edelstein" zu taufen.

Bevor wir uns aber den Edelsteinen widmen konnten, mussten Wände gestrichen, Decken gezogen, Fußböden und elektrische Leitungen gelegt werden. Nervenaufreibende Tätigkeiten, die nicht meine Visionen, aber meinen Geldbeutel schmälerten. Die Banken waren gnädig, jedoch nicht zinslos, als wir einen größeren Kredit beantragten und bekamen. Nun stand der Eröffnung nur noch der Wareneinkauf im Weg. Wir machten uns auf nach Idar-Oberstein, der Stadt, in der die Achate ein Zuhause fanden. Heute wie damals ein Umschlagplatz für die edelsten Exemplare. Hier werden sie geschliffen, gefärbt und verkauft, kostbare Steine und billige Massenware. Schleifer machen sie durch besondere Formen zu Unikaten. Die Auswahl fiel uns schwer. Denn, wie anfangs erwähnt, steckte die Esoterik damals noch in den Kinderschuhen. Das Heilen mit Edelsteinen war noch völlig unbekannt, und wenn ich auch die

Edelsteine kannte, wusste ich von ihrer Wirkung auf die Psyche noch nichts. Wir hatten also viel vor uns, doch es war der Mühe wert.

Eines Tages war es dann soweit, der „Edelstein" wurde eröffnet. Die Wirkung der Steine selbst zu erspüren und mit alten Überlieferungen zu vergleichen, war wunderbar und beschäftigte mich für viele Jahre. Der Anblick von Bergkristallen, Saphiren, Rubinen, Tausenden von bunten Trommelsteinen und dazu Räucherwerk und Düfte erfüllten eine Sehnsucht, die ich vorher noch nicht gekannt hatte. Ich war stolz, ich war glücklich, mir im wahrsten Sinne des Wortes einen Traum erfüllt zu haben – eine Oase mitten in der Stadt. Die Steine funkelten in den Glasvitrinen, und die Kristalle spiegelten sich regenbogenfarben im Licht. Leise Klänge belebten zart den Raum und strahlten Frieden und Harmonie über Kunden und Freunde. Ich durfte hier sein und genoss es. Ich hatte diese Oase erträumt und nun erschaffen.

Mit Hilfe von Ted und Frau Heiland kamen auch bald die ersten Kunden, wenn nicht immer sehr kauffreudig, so doch als Freunde und voller Begeisterung.

AUF DEN PFADEN DER ESOTERIK

Natürlich ging es nicht immer so traumhaft zu, denn die Realität enthielt Details, die im Traum nicht vorkamen. Im Traum war nicht die Rede von wenig Kunden, von hoher Miete, geringer Kasse, von Überstunden und Warenschulden. Dennoch genoss ich jeden Tag, und rückblickend würde ich es immer wieder so machen. Es war eine Zeit, in der ich mich, mein Leben und viele Menschen auf einen neuen Weg brachte, eine glückliche Zeit! Es war auch der Zeitpunkt, zu erkennen, dass ich mit Hilfe von Frau Heiland und Ted mein Leben verwandelt hatte. Ich musste bekennen, auf den Pfaden der Esoterik zu wandeln, musste eingestehen, dass die Theorien von Ted nicht so abwegig waren. Ich musste nur lernen, seine Sprache zu verstehen, musste lernen, dass „friss oder stirb" bedeutete: Begreife, wenn du leben willst. Ich musste lernen, aus meiner lauernden Ecke herauszukommen und ein wenig deutlicher zu sehen, wie es war oder ist. Ted erschien mir nicht mehr als grüner Junge, er wurde eher zu einer Vater- oder Bruderfigur, die mir die Hand reichte, damit ich laufen lernen konnte. Trotz dieser Einsicht blieb ich auch weiter auf der Hut und beobachtete aufmerksam. Hatte ich Angst, er könnte meine Hand loslassen? Hatte ich Angst, ich könnte hinfallen? Fürchtete ich, mein neues Bild könnte der Realität nicht standhalten? Mein Bild fiel nicht in sich zusammen, und ich gewann Vertrauen. Deshalb ließ ich auch nur wenige Seminare aus und lernte noch viel über mich, über paranormale Fähigkeiten, außerkörperliche Erfahrung, Kanalsein und Geistheilung. Vor allem aber wollte ich lernen zu leben und die Esoterik als einen Bestandteil meines Lebens, nicht aber als Zentrum, zu akzeptieren.

Nur wenige hatten damals klare Vorstellungen von Esoterik und für viele verbanden sich nur verschwommene Vorstellungen von Hexerei und Drogen mit diesem Begriff.

Eine nette Episode am Rande, die zeigt, wie unbekannt der Begriff noch war: Ich wollte ein Inserat zur Eröffnung meines Ladens aufgeben und bat den Anzeigenvertreter „Der Edelstein, Zentrum esoterischen Bewusstseins" aufzunehmen. „Was", sagte er, „sie wollen ein Erotik-Zentrum aufmachen?" Ich musste schallend lachen und klärte ihn auf. Ja, die Esoterik war damals noch nicht so ganz hoffähig.

Wie es allgemein im Geschäftsleben üblich ist, tritt nach dem ersten Ansturm der Neueröffnung Ruhe ein. Ruhe, die ich nutzen konnte zum Überlegen, Überdenken, Fragen stellen, Bilanz ziehen, Erfahrenes, Erprobtes, Gehörtes in Gedanken vorbei ziehen zu lassen. Die Worte meiner Großmutter „du bist deines Glückes Schmied" kamen mir immer wieder in den Sinn. Ich war jetzt überzeugt, dass Träume nicht nur wahr werden können, sondern auch zukunftweisend sind. Ich versuchte, mein Bewusstsein auszurichten und die Wirkung der Edelsteine selbst zu erspüren, versuchte, mit den Steinen zu meditieren und aus ihren Rissen, Kanten und Ecken zu lesen. – Zeit der Besinnung, der inneren Einkehr.

Für meinen Sohn eine Zeit der Entdeckungen.

Meine Stütze im Alltag blieb Frau Heiland, sowohl meine geistige, denn ich besuchte immer noch ihre Meditationen, (inzwischen hatte ich mich an die unbequemen Hocker gewöhnt), als auch meine finanzielle, indem sie mir ab und an Kunden schickte oder selbst einkaufte. Mein Laden wurde ein Zentrum, was er eigentlich auch sein sollte. Er war groß genug, um für Freunde, Kunden und Nichtkunden, eine Teestube einzurichten und groß genug, Seminare zu veranstalten. Ein Heilpraktiker, Feng Shui Freunde und Ted machten von dieser Möglichkeit Gebrauch. Meine Räume hatten eine gute Energie und die Atmosphäre war angenehm. Jeder fühlte sich wohl, und ich hatte eine zusätzliche Einnahmequelle. War ich jetzt meinem Ziel näher? Und war ich mir wirklich sicher, was dieses Ziel sein sollte? – Wie auch immer. – Es war nicht nur eine schöne, es war auch eine sinnvolle Zeit. Was natürlich wiederum voraussetzte, dass ich mir über den Sinn, der manchmal auch Unsinn zu sein schien, klar wurde. Die Tage vergingen wie im Flug und ich genoss es, an Seminaren und Ausbildung nun sogar kostenlos teilnehmen zu dürfen. Hier lernte ich Menschen und

Meister kennen. Meister mit Heiligenschein und Meister des wirklichen Lebens, Künstler und Lebenskünstler, Besessene, Süchtige und Problembeladene. Nur selten kamen wirklich glückliche Menschen, jedenfalls nahm ich sie selten so wahr. Therapeuten und Heiler suchten nach Trost und Rat in meiner Oase, die durch die Energie der Edelsteine Ruhe und Stille wie im Märchenwald ausstrahlte.

Bei aller esoterischen Gesinnung, wozu das Seid-nett-miteinander, Liebe-dich-selbst, Sei-wertfrei, -selbstbewusst und -tolerant, Bleibe-im-Fluss, Spüre-die-Energien, Halte-deine-Chakren-rein und Schliesse-den-Solarplexus, damit dich keine ungebetene Energie heimsuchen kann, wie der Sauerstoff zum Leben gehörten, brach doch ab und an der Geschäftssinn bei mir durch. Das brachte mich in einen Zwiespalt, und ich musste über meinen eigenen Schatten springen, um die „Heilung der Suchenden" im Auge zu behalten. Am Anfang fiel mir das schwer, denn auch ich musste meine Miete zahlen. Später gelang es aber umso leichter, da ich die Dankbarkeit, den Rückfluss zwar nicht immer in Form von Geld, aber von Herzen spürte. Die Erfolge gaben mir recht, ich half ihnen und sie halfen mir. Denn im Kummer meiner Besucher sah ich meine Probleme. Und indem ich ihnen Rat gab, fand ich die Lösung für mich. – Natürlich ist das nur die Sicht aus der Vogelschau. Aus der Nähe betrachtet, gab es schon noch etliche Schlaglöcher.

MEISTER OHNE GLORIENSCHEIN

Viele Medien, Meister und Lehrer habe ich erlebt, von denen ich nur wenige ihrer Fähigkeiten wegen schätzen lernte. Ich habe ihre Probleme gesehen und gesehen, wie sehr sie ihre so großzügig erteilten Ratschläge selbst hätten gebrauchen können. Nicht immer waren sie Menschen mit Berufung, sie waren Menschen mit Beruf, wogegen ja nichts einzuwenden ist. Nur nahm es ihnen den Glorienschein. Ihre Ehen kamen meiner gescheiterten Ehe gleich und ihre Probleme hätten meine sein können. Aber ich hatte inzwischen so viel Positives von ihnen gelernt, mein Leben so sehr verändert, dass mich diese Erkenntnis nicht belastete. Weshalb sollten Heiler nicht menschlich sein? Auch sie hatten das Recht, aus Erfahrungen zu lernen und Erfahrenes weiterzugeben. Auch sie hatten das Recht, Meinungen zu revidieren. Meine Probleme waren schon lange kein Geheimnis mehr und je offener ich sie darlegte, je mehr verloren sie an Intensität. Ich bemühte mich, meine Masken fallen zu lassen und so zu leben, mich so zeigen, wie ich war. Ich musste nicht, wie manch Heiler und Helfer, im Rampenlicht stehen und gute Miene zum bösen Problem machen, um den Jüngern nicht die Illusion von Hoffnung, vom fröhlichen Spiel des Lebens zu nehmen. Aber war ich nicht auch eine von jenen Jüngerinnen, die die Meister in diese Rolle drängten? Wir himmelten sie doch alle an. Wir lechzten nach dem, was sie sagten, hingen an ihren Lippen und bewunderten sie. Wie konnten sie sich da noch vor uns retten?

Das Ziel, was immer es für den einzelnen sein mag, liegt uns nach einigen guten Seminaren, und die gibt es in der Tat, klar vor Augen. Und jeder könnte einen neuen Anfang machen. Jedoch, obwohl die Saat ausgelegt ist, kommt die Pflanze nicht zum Blühen. Was fehlt ihr? Die Sonne. Und genau das scheinen die Meister, die Heiler, die Helfer, die Gurus zu verkörpern, denn sonst würden die Seminare nicht so gut von immer denselben „Pflanzen" besucht werden. Selbst wenn die Lehrer die besten Absichten haben, wir wollen uns nicht einfach aus eigener Kraft unter einer allgemeinen Sonne entwickeln. Wir wollen *ihre* Strahlen. Eine Meisterin erzählte immer, wie ein

Patient seinen Arzt weiter empfahl. Er sagte: „Das ist ein Super-arzt, ich geh schon zehn Jahre mit der gleichen Krankheit hin." Sie grinste wie ein Honigkuchen, schien aber nicht zu bemer-ken, dass auch wir, ihre Patienten, nach all den Seminaren of-fenbar nicht geheilt waren – oder vielleicht hat sie es dann doch gesehen. Sie hat die Geschichte lange nicht mehr erzählt.

Nein, ich mache mich nicht über irgend jemand, über keinen Menschen, keinen Guru, keinen Meister, keine Meisterin lus-tig. Ich mag sie alle, diese Menschen, die ich hier mehr oder weniger schmeichelhaft erwähne. Manchmal finde ich die Din-ge eben einfach nur wunderlich, bewundernswert und meine eigene Veränderung skurril – und möchte auch so darüber be-richten. Nie würde ich über andere mehr lachen als über mich selbst – und da gibt es schon so einiges. Ein wenig Ironie ge-hört zu mir. Ich versuche nur die Dinge, über die ich schreibe, als das anzusehen, was sie für mich sind – nämlich ganz nor-male menschliche Erfahrungen, Erlebnisse, Ängste und Schwä-chen, ohne Heiligenschein und ohne Himmelsleiter. Dinge, über die in meiner Jugend, geprägt von Verboten und Verhaltens-normen, nicht gesprochen wurde, die verkümmerten, weil sie nicht gefordert wurden, die ich jetzt neu oder wieder entdek-ke. Dafür danke ich denen, die mir den Schubs in die Freiheit gegeben haben. Sie haben mir gezeigt, wie das Leben wieder lebenswert sein kann.

Als ich begann, das Leben mit all seinen Freuden und Tük-ken zu genießen, wollte ich zwar nicht mehr sein wie sie, aber ihre Sonne brauchte ich noch, wie auch ihre Hilfestellung.

Dabei fällt mir ein kleines Erlebnis am Anfang meines hier geschilderten Weges ein. Als mich einmal einer meiner Lehrer ansah und fragte: „Was wäre das Schlimmste, was dir passieren könnte?"erschrak ich. Bemerkte er meine Angst? Er sah, wie ich überlegte und sagte: „Du sollst nicht überlegen, du sollst antworten, schnell und spontan." Und so antwortete ich, dass das einzige, wovor ich mich fürchtete, wäre, dass meinem Sohn etwas zustoßen könnte. Das reichte eigentlich nicht, denn Ängste hatte ich viele. Aber ich glaube, es war dennoch meine größte Furcht. Mein Lehrer aber erwiderte: „Siehst du, das ist nicht passiert, und es wird nicht passieren. Jetzt frage ich dich, warum und wovor fürchtest du dich?" Ich habe lange über diese Frage und Antwort nachgedacht und immer, wenn ich in irgendeiner Not war, hakte ich nach. Wovor fürchtete ich mich eigentlich? Und dann musste ich mir eingestehen, dass es kleine, banale Dinge waren und dass es in der Tat überhaupt keinen Grund gab, sich vor irgend etwas zu fürchten. Es erschien mir immer wie ein Rettungsring, der mir bis heute in manchen Lebenslagen das Leben einfacher macht und viele Dinge nicht größer erscheinen lässt, als sie gerade sind.

HEILUNG

Nach zwei Jahren wurde mir das Pendeln von einem zum anderen Geschäft unerträglich. Ich musste eine Lösung finden, denn die Arbeit wuchs mir über den Kopf und ich kam nicht mehr zur Ruhe. Vierzehn Stunden auf den Beinen hielt mein angeschlagenes Knie, der kranke Meniskus nicht durch. Das Knie nahm Formen an, die nichts mehr vom Ursprung hatten. Grosse Schmerzen Tag und Nacht. Es gab keinen Ausweg. Der Orthopäde gab mir eine Einweisung ins Krankenhaus und die Operation stand mir bevor. Ich bat noch um eine Frist von acht Tagen, um bei einem bevorstehenden Seminar von Ted, das erstmals in meinen Räumen abgehalten wurde, nach dem Rechten zu sehen. Als ich Ted mit schmerzverzerrtem Gesicht begrüßte, versprach er sofort, sich in den Pausen um mein Knie zu kümmern – was immer das auch bedeuten mochte. Gesagt, getan. Er legte seine Hand auf mein Knie und versprach mir baldige Besserung. Keine Frage, ich war misstrauisch wie immer und lag auf der Lauer, um nichts zu versäumen. Es gab nichts zu versäumen, denn nichts Sichtbares geschah. Natürlich wusste ich inzwischen, rein theoretisch, dass Ted Heilenergien aufbauen und übertragen konnte. In der Praxis hatte ich das noch nie erlebt. Nach dreißig langen Minuten war ich nicht sicher, ob mein „Heiler" vielleicht eingeschlafen war, denn er wirkte mit geschlossenen Augen so schläfrig entspannt, und mich bewegte die bange Frage, ob ich ihn wohl wecken müsste. Er öffnete die Augen, die Behandlung war zu Ende und ich bedankte mich, ohne auch nur die geringste Veränderung festzustellen. Grosse Schmerzen veranlassten mich, mein Misstrauen hinten anzustellen. Ich wollte wenigstens versuchen, bei der nächsten Behandlung offener zu sein, um das „Unmögliche" möglich zu machen. Also nahm ich all mein Vertrauen, all mein Hoffen zusammen und wartete zwei weitere Behandlungen ab. Noch ehe Ted acht Tage später die Stadt wieder verließ, waren mein Knie auf Normalgröße reduziert und die Schmerzen wie von Geisterhand weggewischt. Keine Operation und für die nächsten acht Jahre kein Besuch beim Orthopäden.

Aber trotz Heilung musste etwas geschehen. Der Juwelierladen war Arbeit, der Edelsteinladen Urlaub. Ersterer brachte Geld, der zweite Freude. Mein Sohn betreute in meiner Abwesenheit den Edelsteinladen, und für den Juwelierladen hatte ich eine Mitarbeiterin eingestellt. Beides befriedigte mich jedoch nicht, und ich hatte Sorge, dass mein Traum zum Alptraum werden könnte. So gab ich das Juweliergeschäft auf.
Ich gab das Geschäft auf, auf das ich damals so stolz war , als „Frau Juwelier", die sich und der Welt beweisen wollte, dass sie auch ohne Mann existieren konnte. Damals, als ich noch

glaubte, es den anderen zeigen zu müssen. Damals, als ich noch die Schuld für alles bei den anderen suchte. Ich hatte es mir und den anderen bewiesen. Jetzt war es mir nicht mehr wichtig und der Abschied fiel mir nicht schwer, zumal ich ja meinen Edelsteinladen hatte. Mein Zentrum und, wie ich es manchmal liebevoll nannte, meine Spielwiese. Das Wort Spielwiese kam mir in den Sinn, als eine der vielen Seminarankündigungen in meinen Laden flatterte. Darauf stand in etwa: Ich gebe am... um... ein Seminar zum Thema Liebe, wenn sie kommen, klingeln sie bitte Hausnummer 4, dritte Klingel von oben. Wenn der Hund bellt, sind sie richtig. Wenn sie im Haus sind, schließen sie die Tür, damit meine Katze nicht rausläuft, und bitte, bringen sie ihren eigenen Stuhl und Teebecher mit. – Es erinnerte mich immer an: Risiken und Nebenwirkungen entnehmen sie bitte der Einladung. Es versteht sich fast von selbst, dass ich solche Seminare nicht besuchte. Nicht, weil ich nicht tierlieb bin, nein, es war eher die Faulheit, meinen eigenen Stuhl mitzubringen.

VERÄNDERUNG

Jetzt stand die Aufgabe meines Juweliergeschäftes an und ich wollte dabei gleich wieder neue Wege gehen ohne Krampf und Zwang. Hatte ich doch ein Seminar zum Thema „Loslassen" besucht, dessen Worte mir noch heute im Ohr klingen: Wenn du Vertrauen zu dir selbst hast und loslassen kannst, muss jedes Vorhaben gelingen. Du musst es nur wollen und deine ganze Energie, deine Gedanken darauf richten. Ich wollte. Und ich richtete. In Form von Inseraten suchte ich einen Nachfolger, denn ich hatte einen Mietvertrag über zehn Jahre abgeschlossen. Als der Laden fast schon aufgelöst war, fehlte der Nachfolger immer noch. Ich vertraute mir und den Meistern und zog mit Sack und Pack in den Edelstein. Nur Möbel und Zubehör ließ ich zurück. Vertrauensvoll richtete ich weiter meine Energie und meine Gedanken auf den Nachfolger. Da ich mir auch ganz sicher war, längst den Juwelierladen innerlich losgelassen zu haben, wartete ich also weiter ab, wer oder was auf mich zukommen würde. So hing das Geschäft ein ganzes Jahr wie ein teurer Klotz an meinem Bein. Hatte ich im Seminar nicht aufgepasst? Vertraute ich tief innen doch nicht, hatte mein Bewusstsein nicht mit meinem Unterbewusstsein kommuniziert? Gab es hier Widersprüche? Fehlte mir doch das Urvertrauen? Ted beruhigte mich mit den Worten: „Mach dir keine Sorgen, es wird schon werden." Es wurde nicht! Erst, nachdem er scherzhaft sagte: „Du wirst den Laden nie los," und ich fast bereit war, dieser Weissagung Glauben zu schenken, fand sich schnell ein Nachfolger. Was war mit mir los, fragte ich mich. Ich hatte viel Lehrgeld bezahlt. Aber, obwohl dieses Experiment nicht gerade als gelungen bezeichnet werden kann, blieb ich doch guter Dinge. Nur meine Freundin Lore wollte nicht verstehen, weshalb ich diesen „edlen" Laden aufgeben konnte. Aber ihr Problem war zur Zeit ein ganz anderes. Sie hatte einen Mann kennen und lieben gelernt, der in einer festen Beziehung steckte. Mich interessierte dabei weniger die feste Beziehung, vielmehr fiel mir ein Stein vom Herzen – Lore war nicht lesbisch!

Ja, manchmal fiel es mir nicht leicht, meine eigenen und die Gefühle anderer einzuordnen. Aber das ging wohl nicht nur mir so, denn ich erinnere mich, dass während der Ferienseminare, und davon gab es viele, uns die Gäste im Hotel oft anfangs für eine Gruppe von Lesben und Schwulen hielten, weil eben jeder jeden küsste. Bis auf wenige Ausnahmen.

Wie schon erwähnt, hatte der Edelsteinladen am Anfang wenig Kunden. Also auch wenig Einnahmen. Hätte nicht der Juwelierladen mit Geld ausgeholfen, wäre mein Traum sicher in den Kinderschuhen steckengeblieben. Jetzt aber konnte ich mich ihm voll und ganz hingeben, ich wollte nicht nur Bücher lesen, Seminare besuchen und nachplappern, was sowieso sehr widersprüchlich war. Ich wollte Energien spüren, sie erleben. Ich wollte nicht Hildegard von Bingen und ihr „Buch der Überlieferung" mit den beliebten Popjaspis in Verbindung bringen. (Sicher kannte sie das Wort Pop nicht, also gab es hier keine alte Überlieferung.) Ein anderes Buch, das ich kennen und lieben lernte, war der „Mythos der Steine". Mit diesen beiden Büchern begann ich, in meine neue Edelsteinwelt einzutauchen. Ich erspürte selbst, befragte über fünf Jahre Kunden und trug alles zu einer Edelsteinbroschüre zusammen, die sich recht gut verkaufte. Die Aufgabe, die ich mir gestellt hatte, war nicht leicht, aber erfolgreich, und mich erfüllte Aufregung und Spannung, wenn ich das Gefühl hatte, den Steinen ein Geheimnis zu entlocken oder wenn Kunden etwas über die Wirkung der Steine bei Tieren berichteten. Mit der Zeit wurde ich fast steinsüchtig. Manchmal hatte ich Mühe, sie wieder wegzugeben und vergaß völlig, dass ich nicht nur mit, sondern auch von Edelsteinen leben wollte. Und davon gab es inzwischen mehr als ich kannte. Immer wieder förderte die Esoterikneue neue Steine zu Tage, Steine, die früher als Schmucksteine nicht wertvoll genug waren und keine Beachtung fanden. Bisweilen scheint es mir heute, als würden sämtliche Steine aus der Erde geholt. Ständig tauchen neue Steine mit immer neuen Namen auf. Mir sind sie alle ans Herz gewachsen. Durch sie lernte ich feinfühliger für Schwingungen zu werden, konnte mein Bewusstsein ausdehnen und schulte meine Intuition, bis ich endlich nach fünf Jahren selbst Seminare über Edelsteine geben konnte, während ich mich schon wieder auf anderen Gebieten weiterbildete. Mit Stolz sah ich, wie vielen Menschen ich mit den Edelsteinen, durch meine Gespräche und vor allem als Zuhörerin helfen konnte: Wenn ich Skeptikern die Esoterik etwas näher brachte und den Esoterikern so manches Mal wieder den Weg auf den Boden der Tatsachen zeigte, wenn sie von Astralreisen, Bewusstseinsreisen oder außerkörperlichen Erfahrungen berichteten, an die ich mich gerade herantastete. Mein Sohn verschlang inzwischen die entsprechenden Bücher, bis ich nicht mehr wusste, ob er in der Tat Astralreisen unternahm oder sich am Rande des Wahnsinns befand. Rückblendend und mit eigenen Astralerfahrungen kann ich sagen, dass beides zutraf.

Ich hatte mich entschieden, das, was andere „paranormal" nannten, unter Menschenkenntnis einzuordnen. Das erschien mir verständlicher. Steine zeigten ihre Wirkung schon allein durch ihre Farbe. Ich konnte sie sehen und anfassen. Bei paranormalen Fähigkeiten musste ich an Großmutters Erzählungen von Zigeunern denken, die ihr Kind verhext hätten. Sollte meine geliebte Großmutter einem Irrtum aufgesessen sein oder den Tod ihres Kindes falsch gedeutet haben? Warum sollte jemand so etwas Böses tun? Mir kam auch die Zigeunerin in den Sinn, die in meinen Juwelierladen kam und sofort begann, meine Zukunft zu deuten, die ich gar nicht wissen wollte. Ich kaufte ihr aus lauter Verzweiflung lieber eine Tischdecke ab, damit sie mich und meinen Laden verließ. Im Gehen beschwor sie mich, die Decke nie und auf keinen Fall herzugeben. So liegt sie bis heute in einer Schrankecke. Ist das Aberglauben oder Angst vor übersinnlichen Kräften? Oder gibt es etwa übersinnliche Kräfte, die sowohl weiße wie auch schwarze Magie betreiben können, wenn wir offen dafür sind und sie annehmen. Ich wollte auf gar keinen Fall offen für schwarze Magie sein.

PARANORMALES

Vorerst besuchte ich das Seminar „Paranormale Übungen".
Ich wusste nicht mehr, das wievielte es war, schon lange zählte
ich nicht mehr. Seminare gehörten inzwischen zu meinem Leben. Ich rutschte nicht mehr in die Ecke, wenn Ted-Zwei kam,
ich begann ihn und seine Aussagen zu verstehen. Erwähnens-
wert ist, dass in der Weise, wie ich der Ebene Zwei näher kam,
Ted-Zwei immer mehr menschlichen Ausdruck annahm, sich
uns Menschen anglich, bis er eines Tages von Ted-Eins nicht
mehr zu unterscheiden war. Beide bildeten nun eine Einheit
und Ted-Zwei verabschiedete sich für immer.

Das Seminar, in dem ich etwas über Paranormalität erfahren
sollte, enttäuschte mich. Ich hatte mindestens erwartet, dass
hier die Tische wackelten und die Gläser sich fortbewegten.
Obwohl, wenn ich ehrlich bin, ich mich auch ein wenig davor
fürchtete. Nichts dergleichen. Paranormalität, so hörte ich, sei
etwas durchaus Alltägliches, und am Ende des Seminars teilte
ich diese Überzeugung, denn paranormal, so lernten wir, ist es
schon, wenn das Telefon läutet und wir wissen, wer dran ist, –
und das haben wir doch alle tausendmal erlebt.

In diesem Seminar wurden viele Theorien vorgetragen und
erläutert und wir machten zahlreiche Übungen. Eine dieser
Übungen bestand darin, einen Menschen anzuschauen und zu
erkennen, was er von Beruf sei, wo er lebte, ob er verheiratet
sei, Kinder habe, welche Krankheiten usw. Eine interessante
Übung, und ich musste feststellen, die meisten hatten Volltref-
fer – aber war das paranormal? Ich hatte mir immer etwas anderes darunter vorgestellt. Später brachte jeder Fotos mit, die
wir deuten sollten. Dabei muss ich leider gestehen, dass ich
mich leicht von Äusserlichkeiten blenden ließ und nie so rich-

tig an die Energie des Menschen auf dem Foto herangekommen bin. Ted hingegen war ein Meister darin. Unter anderem sollten wir dann noch herausfinden, was unser Gegenüber gerade dachte. Das war eigentlich eine Übung, die wir alle gern hatten. Gedanken lesen, wer mochte das nicht lernen? Dann sollten wir die Menschen anschauen und herausfinden, was sie für eine Kindheit gehabt hätten. Ich muss sagen, nach einiger Übung gelang es prächtig, wenn ich auch immer noch mit dem Wort paranormal meine Schwierigkeiten hatte.

Irgendwann stellte ich das Üben ein, denn ich bekam Angst vor meinem eigenen Erfolg. Es begab sich nämlich in einer Nacht, ich schlief fest, dass ich plötzlich hörte, wie ein Taxi vor meiner Haustür hielt. Ich spürte, wie mein Sohn ausstieg. Er hatte einen Autounfall und war tief bewegt. Ich hörte noch das Krachen. Hellwach sprang ich aus meinem Bett, ging zum Fenster – kein Taxi, kein Sohn. Aber er war noch nicht zu Hause, er lag noch nicht im Bett. Krampfhaft bemühte ich mich, meine Gedanken als Traumphantasie abzutun. Es gelang nicht, und tatsächlich fuhr er endlich nach einem Unfall, Gott sei Dank gesund, mit einem Taxi vor der Haustür vor.

Dieses Ereignis stimmte mich nachdenklich. Vorhersehung, Intuition, „paranormale" Fähigkeiten vermischten sich mit Traum und Wachzustand, ohne für bestimmte Ereignisse eine eindeutige Erklärung zu liefern. Doch das Wissen um ihre Existenz und das Einbeziehen in den Alltag konnte manchmal sehr hilfreich sein. Paranormal, medial, oft wurde alles, was einen Hauch von Mystik hatte, in einen Topf geworfen. Wir begannen eine neue Welt zu entdecken.

In jedem Bezirk gab es mittlerweile Medien: Ihre Adressen wurden nur an Eingeweihte weitergegeben. Was da so alles kursierte! Manche Medien sahen sich als Kanal für Jesus, für

Maria, für verstorbene Indianer oder die eigene Großmutter. Einige von ihnen zapften ihr Unterbewusstsein aus vergangenen oder zukünftigen Leben an. Alle gingen davor in Trance. Es gab richtige Juwelen unter ihnen aber auch solche, die Aussagen wie „du musst deinen Kleiderschrank aufräumen" machten. Das erzählte mir jedenfalls Ria mit glänzenden Augen nach einer medialen Sitzung. Natürlich wusste ich, dass nicht der Kleiderschrank im wahrsten Sinne des Wortes gemeint war. Aber auch der reale hätte es damals wohl nötig gehabt. Dass Ria in ihrem Leben aufräumen musste, war spürbar und sie selbst wusste es auch. Aber aus dem Mund eines Mediums klang es viel bedeutungsvoller. Mir war nur nicht klar, weshalb sie für diese Aussage ein höheres Wesen, eine Energie, einen Kanal anzapfen musste. Es schien gerade so, als ob man einem Mathematikprofessor die Aufgabe „Wieviel sind eins und eins" stellen würde. Abgesehen davon glaube ich, falls es zutrifft, dass wir alle Leben gleichzeitig leben, dass wir auch nur unser eigenes Unterbewusstsein oder allgemeine Energien anzapfen. Allerdings gibt es, wenn es um Voraussagen geht, wirklich außerordentlich beeindruckende Ergebnisse, wie wir sie auch in alten Büchern und Überlieferungen finden können. Was letztendlich diese Einsichten produziert: Paranormales, Mediales, Intuition, unser Unterbewusstsein, ist das in der Tat so wichtig? Jedenfalls gehe ich mit paranormalen, medialen und sonstigen Fähigkeiten wieder ganz normal um und beschränke mich damit, (leider gelingt es nicht immer), auf mein eigenes Leben.

Inzwischen wusste ich nicht mehr so recht, ob ich bereits Esoterikerin war oder eine werden wollte. Irgendwie gehörte ich jedenfalls längst dazu. Ich dachte an mein Ziel und daran, dass ich es schaffen würde. Wenn ich auch vielleicht für kurze Zeit dieses Ziel aus den Augen verloren hatte, so vergaß ich doch nie: Ich wollte hier und jetzt mein Leben gestalten. Ich strebte nicht nach höheren Energien, ich wollte die Energie hier nutzen. Ich wünschte mir und meinen Mitmenschen, dass wir auf unsere ach so guten Ratschläge für andere selbst hören würden und unsere Kritik an anderen auch für uns gelten ließen. Ebenso wünschte ich mir, dass die „Eingeweihten" auch von ihren Schülern lernten oder wenigstens aus dem, was sie selbst verkündeten. War ihnen das überhaupt noch möglich? Tausende hingen ja an ihren Lippen, um ihre Botschaft zu hören, um sich festzuhalten. Gehörte ich auch dazu? Rückblickend kann ich sagen – nein, im Grunde nie. Ich ging nur ein Stück des Weges mit ihnen.

Ted entwickelte sich für mich bald zum Freund und Meister. Nicht zum Meister mit Heiligenschein, aber zum Meister, der relativ mühelos sein Leben zu meistern wusste, wenn er sich auch nicht immer so ganz an seine eigene Theorie hielt.

Dazu fällt mir wieder eine kleine Geschichte ein:

Vielleicht erinnern sich die Leser noch an eine der Lektionen, die ich in meinem ersten Gesundheitsseminar zu hören bekam. Sie lautete: Niemand muss krank werden, wenn es für ihn besser ist, gesund zu sein. Oder verkürzt auf Teds eigene burschikose Art so formuliert: Keiner muss sich erkälten, wenn er nicht will. Anstecken ist nicht möglich. Theoretisch könnten wir also nackt durch den Frost gehen, von eisigem Wind geplagt, ohne eine Erkältung, geschweige denn eine Lungenentzündung zu bekommen. Wenn wir das Gegenteil doch nur nicht immer von unseren Eltern gehört hätten. Für mich jedenfalls dauerte es eine ganze Weile, bis ich verstand, wie alte Denkmuster wirklich Einfluss auf unser Leben nehmen. Mit der neuen Sichtweise, so schien es, hatte ich recht erfolgreich der Möglichkeit einer Ansteckung entgegengearbeitet. Jedenfalls hatte ich mich schon lange nicht mehr erkältet. Also konnte ich so überholte Sätze wie „Zieh besser deine Jacke an" oder „Setz die Mütze auf, sonst erkältest du dich" getrost vergessen, sagte ich mir.

Ted war schon ein toller Hecht, wie einfach er doch die Angst vor einer Erkältung ein für alle mal beseitigen konnte – beeindruckend.

Da begab es sich, nachdem wir im Aufenthaltsraum meines Ladens zusammen Kaffee getrunken hatten, dass Ted noch schnell in sein Hotel hüpfen wollte, um weitere Kopfhörer für das abendliche Seminar zu holen. Kein großer Aufwand und kein weiter Weg. Gerade mal hundert Schritte bis zum Eingang des Hotels. Da tat doch dieser kleine große Mann, dieses Geschenk an die Gemeinde der Esoterik einen Schritt vor die Tür und sprach wirklich und wahrhaftig die Worte: „Oh, ist das kalt, ich muss schnell meine Jacke holen, sonst erkälte ich mich." Sprach's, zog seine Jacke an, rief fröhlich: „Bis gleich" und entschwand aus meinem Laden, heiter und durch die Jacke geschützt, auf dass sich keine Erkältung an ihn heranwagte. Erst langsam wich mein diabolisches Grinsen wieder dem nötigen Ernst. War das nicht schön? Hier hatten wir es wieder, das allzu Menschliche, das zum ganzen Menschen gehört wie, man verzeihe mir diese abgedroschene Metapher, das Salz in die Suppe. Dieser kleine Unterschied zwischen Theorie und Praxis, dieser schmale Grat zwischen Überzeugung und Sicherheitsdenken, der uns zeigt, dass es bei Heilern und Hellsehern ebenso menschelt wie bei ihren Kunden und Klienten. Mein Grinsen hatte nichts Übelwollendes an sich, eher war es ein Schmunzeln über ihre Menschlichkeit. Es führt uns zu der Erkenntnis, das hätte auch mir geschehen können. Selbst Ted hätte gelächelt, wenn es ihm denn aufgefallen wäre.

Inzwischen war der Edelsteinladen mein zweites Zuhause geworden. Längst hatte ich das Warenangebot um Düfte, Kerzen, Räucherwerk, Bücher, Pendel, Musik und vieles mehr erweitert, was nicht nur mehr Einnahmen, sondern auch mehr Arbeit mit sich brachte. Oft saßen wir mit Kunden und mit

Freunden bis weit über die Ladenschlusszeit hinaus zusammen, um über die jüngsten Ereignisse und neuesten Erfahrungen zu diskutieren, über Seminare, die andere Leute besucht oder über Bücher, die sie gelesen hatten. Da war z. B. Sieglinde mit ihren immer neuen Geschichten und Berichten. Wie ein Schwamm sog sie alles auf, was irgendwie mit Esoterik zu tun hatte. Sie lief zu Astrologen, Hellsehern, Medien und besuchte Seminare, die sich über das ganze Jahr erstreckten. Nur zu Heilpraktikern ging sie nicht, denn ihr Mann war Arzt. Sie verschlang Bücher, wie süchtige Leute Drogen, und konnte nie genug bekommen. Und da sie sich bemüßigt fühlte, ihr „Wissen" weiter zu geben, hörten wir so manchen Nachmittag vom Weltuntergang und von Geheimgesellschaften, die selbst in Preisetiketten verschlüsselte Nachrichten übermittelten und uns auf jede erdenkliche Weise manipulieren wollten. Und Sieglinde war nicht die einzige, die schon auf gepackten Koffern zur Abreise in eine bessere Welt saß.

Zu den vielen Menschen, die bei mir ein und aus gingen, gehörte auch Hans, der Heilpraktiker, der meine Räume für Ausbildungen und Seminare angemietet hatte. Manch einer seiner Klienten erschrak, wenn er meinen Laden betrat, war durch das Schild am Eingang „Der Edelstein – Zentrum esoterischen Bewusstseins" und beim Anblick des Inneren irritiert. Sicher erschien diese Atmosphäre vielen fremd und unheimlich. Einige fragten auch, ob sie sich hier bei einer Sekte befänden. Ich verstand ihre Bedenken in Erinnerung an meine erste Begegnung mit der Esoterik. Sie wollten schließlich nur die Fußreflexzonentherapie erlernen. Dennoch war es für einige der Einstieg in die Esoterik. Hans legte großen Wert darauf, sich von den Esoterikern abzuheben. Für ihn waren das alles nur Spinner. Mich konnte er gerade noch als „normal" einordnen, und wir hatten viele anregende Gespräche. Als er eine Ausbildung zum

Leiter für Autogenes Training anbot, war ich selbstverständlich dabei. Seine Teilnehmer waren Ärzte, Therapeuten und solche, die es werden wollten. Wir lernten erst selbst das Autogene Training, dann seine Vermittlung in der Praxis. Wir bekamen Hausaufgaben, die an Selbsterforschung, an Gefühle und das Unterbewusstsein rührten, so dass ich kaum einen Unterschied zu den mir vertrauten Seminaren, Vorträgen oder Meditationsrunden aus der Esoterikszene bemerkte. Wie auch immer das Thema lautete, es gab immer das gemeinsame Ziel, die Menschen auf ihren „rechten" Weg zu bringen, ihre Seele zu entspannen, damit sie ihren Wünschen und Vorstellungen näher kommen konnten, wenn dies auch auf unterschiedlichste und oft abenteuerliche Weise vermittelt wurde.

Das zweite Seminar von Hans war eine Ausbildung in Hypnosetechnik. Natürlich war ich wieder neugierig und nahm daran teil. In der Einführung erfuhren wir gleich, dass es sich um rein medizinische Hypnose handelte. Die Vorstellung vom Rummelplatz, wo Menschen durch Hypnose reihenweise zu Boden gingen, wurde mir also gleich genommen. Schade, hätte ich doch auch gern den einen oder anderen zu Boden gehen lassen, wenn auch nur zum Spaß. Die medizinische Hypnose versetzt ihre Patienten in einen so tiefen Entspannungszustand, dass sie bereit sind, neue Ideen in ihr Unterbewusstsein aufzunehmen und alte Muster loszulassen. Bei mehrmaligen Wiederholungen tritt die neue Idee automatisch in das Unterbewusstsein und kann hier wirken. Eigentlich nichts anderes, als ich vorher schon versucht hatte. Es trug nur einen anderen Namen und war salonfähig. Die Teilnehmer wirkten sachlicher und signalisierten nicht wie die Esoteriker durch ihr Äußeres ihre Zugehörigkeit zur New Age Szene. Sie waren Menschen wir du und ich und der Rest der Welt. Aber Esoteriker sind doch auch Menschen wie du und ich – oder nicht?

ESOTERISCHE GEDANKEN

Esoteriker, die „Wissenden", die „Eingeweihten", wie Überlieferungen sagen, sind sie, sind wir das wirklich? Sind wir eingeweiht in die Geheimlehre? Welche Lehre wird als geheim bezeichnet? Die Lehre der Energien, des zweiten Körpers, der Astralreisen, die Macht der Magie, der schwarzen Magie, der Beschwörung oder des Voodoozaubers? Bei letzterem konnte ich nicht mitreden. Aber Magier sah ich viele und manchmal war mir ihre Anwesenheit schon ein wenig suspekt. Ich öffnete Tor und Tür, holte meine schwarzen Turmaline raus, (sie halten Negatives fern) und zündete Räucherwerk an. Obwohl ich doch gelernt und zu meinem Leitsatz gemacht hatte: Was ich nicht haben will, kommt nicht an mich heran. (Fehlte da wieder einmal die kraftvolle Überzeugung?) Am Ende war ich froh, wenn sie mein Geschäft verlassen hatten. Denn Energien, schwarze wie weiße, das wissen wir, hinterlassen ihre Wirkung, die uns mehr oder weniger beeinflusst.

Die meisten Kunden oder Besucher aber waren Menschen auf dem Weg zu alternativen Heilmethoden und hatten ernste Probleme. Sie waren dankbar, Menschen mit gleicher Gesinnung zu finden. Nur selten wollten mich Kunden provozieren, wie der eine, der mir nach langen Diskussionen die Frage stellte: „Kennst du eigentlich den Unterschied zwischen einem Tennislehrer und einem Guru?" Ich guckte ihn verdutzt an und er sprach weiter: „Ich verrate ihn dir: keiner", sagte er, „beide müssen nicht schön sein und erobern trotzdem alle Frauenherzen im Sturm." Ich wollte antworten, widersprechen, aber er war schneller. „Woran liegt das? Sie sind nicht schön, nicht immer groß und schlank und dennoch fliegen ihnen die Herzen zu wie dem Tennislehrer die Bälle. Was haben sie also? Sie haben all das, wonach sich ihre Jünger sehnen. Sie haben die Ruhe, die

Souveränität, in ihrer Gegenwart scheint die Welt stehen zu bleiben. Probleme verblassen im Glanz ihrer Aura. Die lang ersehnten Streicheleinheiten geben all ihren Anhängern das Gefühl, in einer großen, harmonischen Familie zu sein." Er machte eine kurze Pause zum Luftholen, und ich fragte: „Was ist daran schlecht?" Darauf erwiderte er nichts und erst als er den Laden verlassen hatte, fiel mir eine Antwort ein. Mit erschien der Guru, wie er ihn nannte, der Heiler oder wer auch immer eher wie ein Vater mit seinen Kindern, die gerade laufen lernen sollten. Wie ein Vater, der seine Kinder reifen lässt, ohne sie auf welche Art auch immer an sich zu binden, der sie ziehen lässt, wenn die Zeit erreicht ist. Dennoch, viele wurden seminarsüchtig, andere brauchten ständig Wegweiser oder Vorbilder, eine führende Hand wie die Luft zum Atmen. Und wenn es Jupiter oder der Erzengel Gabriel waren, die sie anbeteten. Ohne Hilfestellung wollten oder konnten sie nicht sein.

Man legte den Meistern oder Meisterinnen drei Kissen unter den Hintern, damit er oder sie ja weich säßen, umwarb sie und räumte ihm oder ihr die kleinen Unannehmlichkeiten aus dem Weg. Viele Hände boten sich zur Hilfe an, denn es ist eine Ehre, oder führt zur schnelleren Erleuchtung, dem Meister oder der Meisterin, auch wenn sie nicht offiziell so genannt werden, zu dienen. Die Erwartungen der Diener werden nie erfüllt. Aber ich muss zugeben, dass die Meister nicht immer um diese Liebesdienste gebeten haben, die ihnen manchmal sogar aufgedrängt wurden.

War ihre Gefolgschaft abhängig?

Allerdings, sind wir nicht alle irgendwie abhängig? Abhängig von der Laune unseres Partners, vom Erfolg unserer Kinder, vom Wetter, vor allem aber von der Meinung und Zuneigung unserer Mitmenschen?

Mein Geschäft war zu einem Anlaufpunkt geworden. Hier konnte man immer die neuesten Geschichten aus der Szene erfahren. Manchmal verglich ich sie mit meinen früheren Erlebnissen im Reitstall. Denn bis ich das Reiten aufgab, kannte ich alle privaten, geschäftlichen und Liebesprobleme der Reiter. Ich wusste um die Affären mit dem Reitlehrer, wie Menschen hochgejubelt oder mit dem Abfall der Pferde beworfen wurden – je nach dem. Wir himmelten den Reitlehrer an. Die Figur, die er und sein Pferd machten, traumhaft. Das wollten wir auch erreichen. Zum Glück fiel auch er manchmal in den Dreck. Das nahm den Anschein von totaler Perfektion und spornte zum Weitermachen an. Wie sagte er immer zu uns: „Wer nicht reiten kann, muss wenigstens gut aussehen."– In der Esoterikszene war das allerdings umgekehrt. Man lernte und erfuhr vieles, aber das Aussehen war nicht so wichtig, obwohl ich gestehen muss, dass ich auf das meine immer Wert legte und lege. Zum Anhimmeln gab es hier und dort nicht viel, wenn man hinter die Kulissen geblickt hatte, aber Bewunderung für echte Leistung und Dankbarkeit für die Hilfestellung.

EDELSTEINSEMINARE

Hilfestellung wollte ich auch in meinen Edelsteinseminaren geben. Es herrschte immer eine besondere Stimmung an den Wochenenden der Edelsteinseminare. Die funkelnden Steine, der Kerzenschein, die Erwartung der Teilnehmer, es war, als ob es knisterte, wenn wir die Energien der Edelsteine aufnahmen. Wir meditierten, wir genossen die Kraft der Edelsteine und mancher Teilnehmer konnte zum ersten Mal so richtig loslassen, was ab und an auch durch Tränen zum Ausdruck kam. Je nach Teilnehmern gestaltete ich meine Seminare völlig unterschiedlich. Aber immer ging es um die Heilung durch Edelsteine über die Chakren. Über die Edelsteine konnte ich neue Wege aufzeigen und den Teilnehmern Kraft und Mut mit auf den Weg geben. Viele meiner Kunden und Seminarteilnehmer suchten das offene Gespräch und waren für Trost und Rat, besonders aber für neue Ideen dankbar. Diese Dankbarkeit zeigten sie nicht nur durch Geld und Worte, sie brachten mir Blumen und Geschenke. Von einer Kundin bekam ich die Reiki-Einweihung vom ersten Grad bis hin zum Meister und Lehrer. Oft war ich über so viel Zuneigung richtig gerührt, vor allem aber erfreut und dankbar.

MEINE KUNDEN

Manche Kunden kamen einfach nur vorbei, zu anderen habe ich bis heute Kontakt. Wenige sind echte Freunde geworden. Unter denen, die vorüberzogen, waren Kunden wie der mit dem Rucksack, zu einer Zeit, als Rucksäcke noch nicht so modern waren. Er benötigte ihn damals, weil er steinsüchtig war. Alle Steine, die er besaß, schleppte er von morgens bis abends durch die Gegend und ließ sich auch durch mich nicht davon überzeugen, dass dies nicht nötig sei, um Schutz und Glück zu erlangen. Wir haben ja alle einen Lieblingsstein, aber einen Rucksack voll? Ich suchte mir jeden Morgen den Stein, den ich für den kommenden Tag oder eine bestimmte Situation als hilfreich empfand und steckte ihn in Form eines Trommelsteins in meine Rocktasche, damit ich Berührung und Kontakt hatte. Welcher der richtige war, sagten mir meine Intuition, mein Herz und mein Wissen um seine Wirkung.

Es kamen Kunden mit grünen Haaren, die Stunden mit den Steinen auf dem Fußboden verbrachten. Kunden, die so gar nicht in meine Steinlandschaft passten, die aber die Atmosphäre der Stille genossen. Ich erinnere mich an den Kunden, der allen Ernstes bei mir einen Heiligenschein kaufen wollte. Zuvor hatten wir eine Annonce aufgegeben: „Dem Heiligenschein ist es egal, wo man ihn erlangt", irgendwie muss er es zu wörtlich genommen haben. Da gab es den Kunden, der stumm und verstört da stand, bis ich nach geraumer Zeit fragte, ob ich helfen könnte. Verwirrt sah er mich an. Eigentlich, stotterte er, eigentlich suche er die Peep-Show. Ich konnte Auskunft geben, denn sie war nicht allzu weit entfernt. Er blieb dennoch für längere Zeit, nicht ohne sich alles genauestens zu betrachten. – Vielleicht betrachtete er ja alles in seinem Leben so genau. Ob er anschließend die Peep-Show besuchte, kann ich nicht sagen. Und dann die Kunden, die mit dem Biotensor Energien erspüren wollten oder mich baten, ihre Glückssteine auszupendeln. Einige bekamen Panik, wenn sie einen Stein verloren, ohne den sie großes Unglück fürchteten. Sie waren besorgt, wenn ein Stein sich verkrümelte, was in der Tat häufig passierte, so, als ob der Stein seine Ruhe haben wollte. Wenn ein Stein trübe wurde, was geistige aber auch qualitative Gründe haben konnte, waren sie in Aufruhr. Nichts schien mehr normal zu sein. – Das Leben hatte einen mystischen Beigeschmack bekommen und die Esoterik wurde immer vielfältiger und bunter.

Zum Beigeschmack fällt mir eine kleine Episode ein. Ich hatte ein Inserat aufgegeben, um mehr Kunden für die Farb- und Typberatung zu gewinnen. Wir waren gerade bei der Teerunde, als ständig das Telefon klingelte und viele Anrufer sich erkundigten, wie und wo so eine Beratung stattfinden würde. Wir wunderten uns sehr über diesen Ansturm und auch darüber, dass die Anrufer durch die Bank alle Männer waren, wie auch über die Art ihrer Fragestellung. Sollten die Männer in unserer Stadt so trendy sein? Am nächsten Tag wurde durch sehr eindeutige Fragen eines Anrufers das Geheimnis gelüftet. Das Inserat stand unter Kosmetik und Massagen. Zum Glück hatte nur einer einen Termin vereinbart, den er Gott sei Dank nicht wahrnahm.

Meine Kunden kamen mit sehr unterschiedlichen Wünschen und Fragen. Einer war mir so lieb wie der andere, denn von jedem konnte auch ich etwas lernen und in einigen fand ich mich selbst wieder. Meine Beziehung zu den Edelsteinen unterschied sich in gewisser Weise von der meiner Kunden. Ich erspürte sie, machte Versuche, ich liebte sie, ich bewunderte ihre Schönheit, ihre „Fehler" und Risse. Ich streichelte sie, sie wuchsen mir wie Zöglinge ans Herz. Nie aber wurde ich abhängig von ihnen, wenn sie auch Teil von mir wurden. Immer wieder schien mir jede Heilung durch die Edelsteine wie ein Wunder. Da waren plötzlich Allergien, Depressionen, Magenverstimmung, Koliken oder Kopfschmerzen und vieles mehr verschwunden. Was immer die Heilung verursacht haben mag, der Edelstein gab den Impuls. Viele Kunden berichteten mir, dass ihre Tiere die Stelle aufsuchten, wo die Edelsteine lagen. Und wenn sie Edelsteinwasser tranken, schnell von Koliken oder Verdauungsstörungen geheilt wurden. (Tiere sind sicher nicht beeinflussbar.) Da gab es den Physiker, der versuchte, die Energien der Edelsteine zu messen und der so manches Mal tolle Ergebnisse lieferte oder den Aurafotografen, der die Aura der Edelsteine fotografierte. Die Aurafotografie war gerade in Mode gekommen, erfunden war sie schon lange. Doch jetzt wurde die Aura von Mensch, Tier und Stein als Beweis dafür fotografiert, dass sie tatsächlich vorhanden sei. An Farbe und Form, so erfuhr ich, ist es möglich, den Zustand des Objekts zu erkennen. (Die Fotografien von Menschen sollten auch je nach Farbe und Beschaffenheit deren Entwicklungsstand widerspiegeln.)

Ein jeder versuchte auf seine Weise, den Steinen ihr Geheimnis zu entlocken.

Für mich waren das Wie und Warum jedoch nicht so wichtig. Das Ergebnis zählte. Und auch das hatte nicht für jeden eine Bedeutung, denn mancher Kunde kam nur, um sich ein schönes Schmuckstück auszusuchen. Von Esoterik wollten solche Leute nichts wissen und von Heilung mit Edelsteinen schon gar nicht. Es war die Zeit, als die Zeitschrift STERN noch schrieb: Die Aura sieht aus wie Hühnersuppe, nachdem der Reporter, von dem der Artikel stammte, die Psi-Tage in Basel besucht hatte. Seit die Menschen aufgehört haben, an Gott zu glauben, glauben sie nicht etwa an nichts mehr, nein, sie glauben an alles – stand da geschrieben. Der Artikel konnte natürlich nicht meine Zustimmung finden. Aber das mit dem Glauben war nicht von der Hand zu weisen. Alle Menschen, egal ob sie sich Edelsteinen zuwandten oder Seminare besuchten, suchten nach neuen Lebenshilfen, nach Heilung in der Natur und eins war ganz sicher: Wir alle waren auf der Suche nach irgend etwas. Manch einer wusste nicht einmal wonach.

In der Kirche wurde immer gepredigt, das Himmelreich käme nach dem Tode, dort sei die Erlösung und die Erleuchtung. Wir – wir wollten das Himmelreich jetzt und die Erleuchtung sofort. Jeder wollte natürlich sein eigenes Himmelreich und jeder hatte eine andere Vorstellung von Erleuchtung. So wurde alles, was die Esoterik anbot, erprobt. Man wollte herausfinden, wer die beste Erleuchtung zu bieten habe, wo sie am preiswertesten wäre und wo man sie am schnellsten erlangen könnte.

Langsam, aber unübersehbar, wuchs gleichzeitig mit der Zahl der Esoteriker auch die Zahl ihrer Kritiker. Jede Zeitung fühlte sich bemüßigt, über Sinn oder Unsinn, aber vor allem ganz ohne Hintergrund und Wissen, über die Esoterik zu schreiben. Auch Fernsehsender luden Esoteriker, egal womit sie sich beschäftigten, ob sie pendelten oder ob sie als Medium tätig waren, in ihre Sender ein. Offenbar erhöhte das die Einschaltquoten, und jeder wollte natürlich von Anfang an dabei sein. Auch ich wollte natürlich nicht nachstehen und nahm Einladungen von Funk und Fernsehen an.

Jede, selbst die schlechteste Fernsehsendung war noch verkaufsfördernd, denn sie machte die Menschen neugierig. Die Leute sahen, dass Wünschelrutengänger Wasser oder Strom in der Erde suchten, und natürlich wurde auch in der Sendung gezeigt, dass das nicht immer funktionierte. Am nächsten Tag kamen die Leute und kauften bei mir Wünschelruten. Selten hatte ich die Sendungen gesehen. Aber jeder Kunde berichtete mir darüber, und so trug jedes Medium gewollt oder ungewollt zur Verbreitung der Esoterik bei. Bald überflügelte die Zahl der Suchenden die Zahl ihrer Kritiker. – Und steckte nicht in jedem Kritiker auch ein Suchender?

Hans, der Heilpraktiker, gehörte auch immer noch zu den Kritikern. Um dieses deutlich zu zeigen, zog er bei mir aus, und wir hätten uns fast aus den Augen verloren, wenn er nicht später nur drei Straßen weiter seine Heilpraktikerschule eröffnet hätte. Genau zum richtigen Zeitpunkt, denn gerade wurde es Mode, Heilpraktiker oder Heilpraktikerin zu werden, und natürlich konnte auch ich da nicht widerstehen. Die Atmosphäre in der Schule war sehr angenehm und lernen, so dachte ich, kann nicht schaden. Der Unterricht begann mit der Zelle, danach kamen Blutkreislauf, Herz, Niere, Magen, Lunge und alles, was so zum Menschen dazugehört. Irgendwann mussten wir natürlich auch lernen, Spritzen zu setzen. Hier merkte ich, dass es wohl doch nicht meine Berufung war, Heilpraktikerin zu werden. Aber einen Rückzieher machte ich erst, als es ans Leichen sezieren ging. Jetzt wusste ich, weshalb ich nie den Wunsch verspürt hatte, Mediziner zu werden, und jetzt wollte ich auch kein Heilpraktiker mehr werden. Ich konzentrierte mich auf die Psychotherapie. Hans aber lud mich noch zu einem Rückführungsseminar ein, rein medizinisch natürlich, wie er sagte. Es hatte den Titel „Hypnosetechnik und Regression". Das lateinische Wort steht für Rückfall. Der Patient geht in die Vergangenheit zurück, um Gefühle, Ängste und Erfahrungen noch einmal zu erleben und dann in der tiefen Trance aufzuarbeiten und Ursachen für Blockaden zu beseitigen. So erlernten wir, Menschen bis zur Geburt zurück zu begleiten.

In der Esoterikszene gingen die Regressionstherapeuten bis in vergangene Leben. Einige der Klienten nutzten diese Möglichkeit, um zu erfahren, wo und unter welchen Umständen sie schon einmal gelebt hatten. Ihrer Meinung nach konnten sie jetzt hier, in meiner Welt, besser ihre Missgeschicke und Zerwürfnisse verstehen. Oft lagen die Übel bei den Eltern, beim Partner oder in der Arbeit. Natürlich konnte man nie ganz sicher sein, ob sie wirklich in andere Leben eingetaucht waren oder ob alles nur eine Phantasiereise war. Wie auch immer – wenn sie nur glücklich wurden. Ich beschränkte mich jedenfalls nach wie vor auf das hiesige Leben, möchte aber nicht unerwähnt lassen, dass ich die Hypnose oder besser gesagt Selbsthypnose immer wieder als Entspannung nutzte. Selbsthypnotische Kassetten gab es viele auf dem Markt. Da gab es Kassetten, die uns auf wunderbare Weise in ferne Welten führten, Kassetten, die uns sagten, wer wir wirklich waren, Kassetten, die uns schöner machten, Kassetten zum Abgewöhnen des Rauchens und natürlich auch Kassetten zum Schlankerwerden. Was nützt aber die schönste Selbsthypnose, wenn die Menschen mit Übergewicht glaubten, nur weil sie die Kassette gehört hatten, könnten die Extraportionen Pommes frites mit Mayonnai-

se ihnen nichts mehr anhaben und die nicht begriffen, dass Übergewicht nicht nur im Kopf sondern auch im Kühlschrank beginnt.

ESO FÜR FORTGESCHRITTENE

Meine Seele war längst im Gleichgewicht, und so wagte ich
mich mehr und mehr auf die „mystischen Ebenen der Eingeweihten", besonders als ich erkannt hatte, dass mein Sohn seine
Erfahrungen gesund und bei vollem Verstand überstand und
aus seinen medialen Sitzungen ganz normal auf diese Welt zurück kam. Jetzt, nachdem er Erkenntnisse gesammelt hatte,
schien sich alles gut in sein Leben einzufügen, und mehr und
mehr schien sein Leben nicht nur dahinzuplätschern sondern
zu fließen.

Ich beschäftigte mich also mit Aura, Chakra, dem zweiten
Körper, dem dritten Auge und Astralreisen. Natürlich gab es
dazu jede Menge Seminare, Vorträge und meine eigenen Erlebnisse. Von den vielen Erfahrungen anderer ganz zu schweigen.
Zum Beispiel Martina, die eines Tages völlig außer sich vor
Freude rief: „Leute, wisst ihr was, ich habe heute meine erste
Astralreise gemacht." Wir, die in der Runde gerade genüsslich
unseren Tee schlürften, blickten gespannt auf. „Ja", sagte
Martina „ich bin einfach aus meinem Körper raus und habe
astral meine Mutter besucht. Ich sah sie in ihrem roten Kleid
im Garten sitzen, wo sie gerade Rhabarber schälte. Ich sprach
sie an, bekam aber keine Antwort. Da war ich frustriert und
ging nach Hause. Im gleichen Moment lag ich auch schon wieder auf meinem Sofa, wo ich mich nur wunderte, wie ich so
schnell 500 Kilometer zu ihrem Wohnort zurücklegen konnte,
bis mir bewusst wurde, dass ich rein körperlich gar nicht fort

war." Einen Moment schwiegen alle still, dann fragte jemand aus der Runde „Und woher willst du wissen, dass es kein Traum war?" „Erstens weiß ich es einfach und zweitens habe ich meine Mutter angerufen, die meine Angaben bestätigt hat." Sie schälte Rhabarber und hatte auch das rote Kleid an, nur meine Anwesenheit bemerkte sie nicht. Wir waren alle einer Meinung – ein tolles Erlebnis. Natürlich wurde Martina ausgefragt, wie es dazu kommen konnte. Es stellte sich schnell heraus, dass sie nichts weiter machte als wir alle: üben, immer wieder üben, den Körper zu verlassen, wie wir es im Seminar gelernt hatten. Aber nicht immer waren die erfolgreichen Astralreisen auch so harmlose Begegnungen, wie sie Martina erlebt hatte. Ein Seminarteilnehmer z. B. besuchte astral seine Freundin und was sah er? Sie lag im Bett mit seinem besten Freund. Der Teilnehmer war völlig verstört und nachdem er einige Stunden mit dem beschäftigt war, was er gesehen hatte, rief er seine Freundin an und sagte ihr alles auf den Kopf zu. Was ihm blieb, war die Bestätigung, dass er eine Astralreise gemacht hatte. Ein anderer Seminarteilnehmer wagte sich nur in den angrenzenden Raum, ging also astral durch die Wand. Wir alle konnten seine Angaben überprüfen und bestätigen. Das Verlassen des Körpers geschah auf unterschiedlichste Weise. Einige legten sich hin und versuchten, den Zustand kurz vor dem Einschlafen abzupassen und den Körper dann zu verlassen. Andere gingen einfach vom Traum aus auf Astralreisen. Nur an der Intensität ließ sich feststellen, ob es eine Traumreise oder eine Astralreise war. Aber mir war es wie immer ganz gleich, wie es genannt wurde, es zählt auch hier nur das Ergebnis. Was bringt es, zu wissen, ob wir eine Traumreise, eine Astralreise machen oder mit dem dritten Auge sehen, ob es unsere Intuition ist oder ob wir mediale Fähigkeiten haben, die uns Erkenntnisse vermitteln, wenn wir sie nicht anwenden können und das Ergebnis uns nicht hier und jetzt von Nutzen ist.

Zwei kleine unspektakuläre Ereignisse möchte ich hier noch schildern, die sich zwischen Tag und Traum, zwischen Realität und Schlaf abgespielt haben.

Ich sah auf die Strasse, auf den Gehweg, der voller Äste und Zweige lag. Mittendrin ein ganz bizarrer, besonderer Ast, der meine Aufmerksamkeit erregte. Plötzlich stellte ich fest, dass ich im Bett lag und die Augen geschlossen hatte. Es war ein merkwürdiges Gefühl. Noch immer sah ich die Straße, ich sah die Äste, die Zweige, die dort gar nicht hingehörten. Auf der anderen Seite war mir bewusst: Ich lag im Bett und hatte die Augen geschlossen. Nun hellwach, öffnete ich die Augen. Ich lag tatsächlich in meinem Bett, von dem aus ich nicht auf die Strasse sehen konnte. Ich schloss die Augen wieder und sah noch einmal das gleiche Bild. Es war unglaublich und nicht zu erklären. Ich wollte es noch einmal überprüfen und öffnete schnell wieder die Augen. Als ich sie wieder schloss, war alles verschwunden. Da unsere Straße im allgemeinen sauber und gepflegt wirkte, dachte ich, es könnte nur eine Vorstellung zwischen Traum und Wachzustand gewesen sein. Es war ein merkwürdiges Erlebnis, nach dem ich einige Zeit brauchte, bevor ich wieder einschlafen konnte. Erst am nächsten Tag, als ich aus dem Haus trat, wurde mir klar, dass ich auf der Straße stand, die ich heute Nacht gesehen hatte und die sich tatsächlich in dem Zustand befand, den ich nachts vor Augen gehabt hatte. Wie konnte das sein? Es war dunkel gewesen und von meinem Bett aus war die Straße sowieso nicht einzusehen. Der Zustand der vergangenen Nacht erschien mir realistischer als meine Wahrnehmung der Straße am Tage bei hellem Wachbewusstsein, auf der Äste lagen, die ich in der Nacht gesehen hatte. Es sah aus, als ob ein Gewitter die Äste und Zweige von den Bäumen gerissen hätte.

Ein zweites Erlebnis war genauso realistisch und wirklicher als die Wirklichkeit. Ich lag im Bett und schlief. Das dachte ich zumindest. Nein, ich war wach, wacher als jetzt. Da hörte ich, wie meine Wohnungstür aufging. Merkwürdig nur, dass ich weder erschrocken noch ängstlich war. Ich wartete nur, als ob ich wüsste, dass jemand kommen und auch wer kommen würde. Ich wartete. Der oder die betrat dann mein Zimmer, setzte sich auf mein Bett. Es war ein eigenartiges Gefühl, als dadurch die Matratze nachgab und eine Kuhle entstand. Es setzte sich jemand auf mein Bett und ich fand es selbstverständlich, dabei hatte schon lange niemand mehr auf meinem Bett gesessen, nicht in diesem Zimmer, nicht auf diesem Bett, denn beide waren relativ neu. Woher kam also die Selbstverständlichkeit? Eine Selbstverständlichkeit, die ich nicht erklären konnte. Energien, die nur zu spüren und nicht zu fassen waren, eine Selbstverständlichkeit, über die ich mir keine Gedanken machte und die ich nicht erklären musste.

Niemand wunderte sich, nicht einmal ich selbst, wenn ich nachts prüfend durch meine Wohnung schwebte, ob alles am rechten Platz sei, die Fenster geschlossen und die Rollläden runter. Es machte einfach Spaß, aus dem Traum heraus die Decke zu berühren oder sich selbst im Bett liegen zu sehen.

Bis eines Tages das passierte, was ich Astralunfall nannte und mir der Spaß verging. Nein, ein Traum konnte es nicht sein. War es eine Astralreise? Ich schlief und träumte, dass ich mich im Edelsteinladen befand, und laut zu Peter, der im Teeraum saß, rief: „Mach doch bitte das Licht an"(oder das Radio, ich kann mich nicht erinnern). Ich stand am Ladentisch und hatte einen Kunden, der zwei Kinder bei sich hatte, ich wollte mich nicht außer Sichtweite begeben. Aber Peter kam nicht oder er hörte nicht. Wissend, dass ich träumte, wusste ich auch, dass ich aus meinem Körper gehen konnte ohne mich vom Kunden zu entfernen. Das tat ich dann auch (astral). Auf dem Wege zum Radio oder zum Licht, beides befand sich am gleichen Ort, erschrak ich. Der Kunde war, als ich durch die Wand sah, nicht mehr im Geschäft. Wo war er? Ich hätte ihn doch sehen müssen. Ich war verwirrt und wollte in meinen Körper zurück. Trotz aller Eile überlegte ich, ob der Kunde eventuell in der Lage war, sich für mich unsichtbar zu machen. Da hörte ich ganz deutlich eine Stimme an oder über meinem Kopf, klar und deutlich. Dennoch verstand ich das Gesagte nicht, mir erschien es wie eingehämmert. Hier, wo ich die Sätze hörte, an meinem Kopfende, konnte niemand stehen. Es war wie ein Schock und ich öffnete die Augen. Ein unglaubliches, unangenehmes Gefühl machte sich breit, wie halb im Körper und halb draußen. Ich war im Bett, wo ich mich von oben liegen sah, doch gleichzeitig schmerzte mein Körper. Ich dachte an einen Herzinfarkt, oder dass ich aus irgend einem anderen Grunde bewegungsunfähig wäre. Wie eine Ewigkeit kam mir dieser schmerzhafte, unbewegliche Zustand vor, in dem ich mich noch immer von oben betrachtete, bis ich wieder einschlief. Ich erwachte in einer Art Schockzustand mit Sprach- und Denkschwierigkeiten, die mir rein äußerlich kaum anzumerken waren, auch mein Erinnerungsvermögen hatte gelitten. Ich ging ins Geschäft und versuchte, meine übliche Arbeit zu verrichten, hatte aber sogar beim Schreiben meiner eigenen Adresse Probleme. Alles schien sehr weit weg.

Um mich zu vergewissern, dass ich wirklich wach war und nicht träumte, kaute ich den ganzen Tag heftig auf einem Kaugummi herum. Es war ein furchtbarer Tag. Selbst Kaffeekochen fiel mir schwer und gelang erst nach einigen Ansätzen. Ich schrieb das Erlebte auf und hatte das Gefühl, dass der Stift sich automatisch von selbst bewegte. Meine Augen waren klar wie seit langer Zeit nicht mehr und ich konnte ohne Brille, die ich sonst immer trug, lesen. Alles war seltsam und ich wagte mich am Abend kaum wieder ins Bett. Vorsichtshalber schlief ich in einer anderen Richtung. Gott sei Dank geschah nichts. Aber auch am nächsten Morgen hatte ich noch Schwierigkeiten. Eine Angst machte sich breit, eine Angst, die mich gefühlsmäßig an meine Vergangenheit erinnerte. In diesem merkwürdigen Zustand hörte ich immer wieder die Stimme an meinem Bett und wusste nicht, was sie sagte. Nur die Bedeutung, die in ihr lag, war noch zu hören. Es dauerte mindestens vierzehn Tage, in denen ich Teile meiner Vergangenheit erneut erleben musste und durchlebte, bis sich der Zustand nach und nach besserte. Vorerst aber litt ich an kranker Seele, die vom Vergangenheitsvirus befallen war. Ich erhoffte mir Linderung beim Ferienseminar am Meer unter sonnigen Palmen am Strand und fuhr voller Hoffnung der Sonne entgegen.

UND WIEDER GRAN CANARIA

Das Seminarthema war mir jetzt nicht mehr so wichtig. Ich freute mich auf Gran Canaria und meine Freundin. Beide waren mir inzwischen genauso vertraut wie auch die meisten Teilnehmer. Viele von ihnen nutzten diese Gelegenheit zu einem gemeinsamen Urlaub. Freunde, Sonne und Meer – da schien die Welt sich langsamer zu drehen und kleine Sorgen und Nöte verblassten.

Das Seminar fiel etwas aus dem üblichen Rahmen. Keine Entwicklung, kein Seelenheil und keine Mystik. Es ging um Geld, was für viele angesichts der Teilnahme- und Reisekosten einen besonderen Reiz hatte. Es ging um Geben und Nehmen, um die eigene Wertschätzung und den Wert unserer Mitmenschen, um unsere Erwartungen für erbrachte Leistungen und um die

Frage, mit welchen Menschen wir uns umgeben. Wir sollten herausfinden, wie wir selbst mit unseren finanziellen Mitteln umgingen und welche Einstellung wir zu „armen" und „reichen" Menschen hätten. Was habt ihr anderen Menschen zu geben, war eine Frage, die allen Teilnehmern – auch mir – zu schaffen machte. Hatten wir etwas, was andere nicht hatten und haben wollten?

Geld war für mich kein Thema. Ich bin in diesem Leben sowohl arm als auch reich gewesen und konnte mich in der High Society genauso bewegen wie unter sozial benachteiligten Menschen. Natürlich schmeckte mir Kaviar besser als trocken Brot. Aber das Leben mit der Fusselsuppe (eine geriebene Kartoffel auf drei Liter Wasser) in den Nachkriegsjahren, in der die Kartoffel wie Fusseln schwamm, hinterließ keine Spur von Wehmut in mir. Jetzt befand ich mich zwischen beiden Extremen und fühlte mich finanziell einigermaßen sicher. So war es also kein Seminar, das meine Seele berührte. Nur schöne Ferien und das Beobachten der anderen Teilnehmer, Sonne und Sand.

Marlene war eine, die sich grundsätzlich von reichen Spinnern, von Angebern und Hochstaplern distanzieren wollte. „Die Reichen mag ich eben nicht", sagte sie schmollend. Andere wollten gar kein Vermögen – wofür auch? Sie fühlten sich rundum wohl, wenn da nicht die viel zu kleine Wohnung, der schlecht bezahlte Arbeitsplatz und die teuren Preise gewesen wären. Nur wenige gaben wie ich zu, dass sie gern so viel Geld hätten wie sie brauchten, um sich ein angemessenes Leben (was jeder auch darunter verstehen mochte) leisten zu können, denn sie oder wir gaben ja auch unser Bestes. So fühlte ich mich aus dieser Sicht geradezu verpflichtet, meinen verdienten Urlaub zu genießen.

Unter Palmen, mit Sonne und Freundin Lore bei Eistörtchen und Kaffee, den Tratsch und Klatsch der Insel genießend, vergaß ich auch den „Astralunfall". Die Zeit verging viel zu schnell und der Abschied fiel wie jedes Jahr sehr schwer, wenn auch gleichzeitig mein Zuhause lockte. Im Herbst, das stand schon fest, würden wir nach Los Angeles fliegen, wo das nächste Ferienseminar stattfinden sollte. Also sagten wir am Flughafen: „Auf bald."

NEUES AUS DER SZENE

Zu Hause angekommen, war es kalt und regnerisch und nur mein Sohn war ein Lichtblick. Im Geschäft wartete viel Arbeit, dabei verblasste bald die Inselstimmung. Die Arbeit im „Edelstein" aber machte nach wie vor Freude und erleichterte mir die Rückkehr. Wir veranstalteten wieder unsere regelmäßige Teestunde mit den Kunden und ich musste den Daheimgebliebenen genauestens berichten, wer alles am Seminar teilgenommen hatte und was es thematisch Neues gab. Im Gegenzug erfuhr ich natürlich auch, was sich hier inzwischen zugetragen hatte. Es war erstaunlich, was die Kunden alles erzählten, obwohl ich doch nur drei Wochen unterwegs war. Neue Bücher waren erschienen, die man unbedingt lesen sollte. Medien hatten den Weltuntergang angekündigt und überall tauchten neue Heiler auf.

Aktuellstes Gesprächsthema bildete die Frau, die gerade aus Zypern zurückgekommen war und ihr von Geburt an zwei Zentimeter kürzeres Bein durch den Wunderheiler Daskulus auf Normallänge gebracht hatte. Ein Bericht, der nicht zu glauben wäre, hätte es nicht Zeugen gegeben, die diese Aussagen bestätigten, und hätte nicht der Schuh mit dem erhöhten Absatz seinen Platz im Abfall bekommen.

Sagenhaft, aber wahr.

Jetzt war Daskulus in aller Munde und seine Erfolge machten ihn weit über Zypern hinaus berühmt. Geld nahm er nicht oder besser gesagt, er hatte keinen Preis. Wer konnte oder wollte, hinterließ eine Spende. Wer kein Geld hatte, war genauso herzlich willkommen. Diesen Mann, zu dem die Leute pilgerten, entdeckten die Esoteriker nun für Deutschland und organisierten hier Vorträge und Seminare, in diesem Fall natürlich mit Bezahlung. Ich hätte ihn gern kennen gelernt, aber noch bevor es mir möglich war, wurde er krank und starb.

Jahre später hängte ich auf Zypern meine Wünsche und Bitten an den von Einheimischen so verehrten Wunschbaum.

Ausserdem kursierte auch noch die Geschichte von einem neuen Laden, der nur schwarzmagische und Hexenbücher verkaufte. Wie unheimlich und düster es dort sei, wurde berichtet, und was dort alles für Bücher über Rituale verkauft wurden! Liebeszauber, Partnerzusammenführung durch magische Kräfte und geheime Verschwörungen.

Geisteraustreiber waren in der Stadt erschienen. – Es geschah um das Jahr 1992 herum. – Sie befreiten Wohnungen von guten und bösen Geistern durch Verbrennungen und Beschwörungen. Unter Anwendung bestimmter Rituale befreiten sie Besessene vom Teufel, für viel Geld, versteht sich. Ich war froh zu hören, dass sie die Stadt bald wieder verlassen hatten, obwohl mir bewusst war, wie viele Menschen mit ihren Geistern lebten.

Da war doch vor nicht allzu langer Zeit dieses hübsche, nette Mädchen erschienen, das ich auf einen Tee einlud. Sie erzählte von ihrem Freund, der jeden Abend bei ihr am Tisch saß und

Forderungen stellte. Mal verlangte er ein Bier, das sie nicht im Hause hatte. Ein anderes Mal zwang er sie, sich zu schminken und die Haare (die sie als Pferdeschwanz trug) offen und lockig zu tragen. Oder er beschwor sie, ihre Freunde im Stich zu lassen und ihre Eltern nicht mehr zu besuchen. Ich fand dies alles unmöglich und wollte wissen, weshalb sie mit so einem Freund nicht Schluss machte. Erst später erfuhr ich, dass er sie schon vor Wochen verlassen hatte und nur als Geistwesen bei ihr auftauchte.

Viele Menschen fühlen sich von Geistern besetzt, und ich hätte einige gern zum Psychiater geschickt, bevor sie zum Geistaustreiben gingen. Aber wer akzeptierte das schon? Ja, ich war besorgt um sie, ernstlich besorgt. Sie wollten nichts davon hören, dass Geister auch gute Geister sein können und viele Menschen mit ihren Geistern in Eintracht und Frieden leben. Für sie gab es nur das Böse. Geister, so glaubten sie, wären nur dazu da, Menschen zu besetzen. Sie wollten nicht darüber nachdenken, ob sie selbst die Geister riefen, die da kamen, durch Schwächen, durch Rituale oder weil sie sich einfach auf Ebenen begaben, denen sie nicht gewachsen waren. Durch Angst, Gedanken und Gefühle verdichtete sich ihre Geisterwelt bedrohlich.

Manche schafften von selbst den Sprung zurück in die Realität, nachdem sie restlos am Ende ihrer Kraft und Vernunft angekommen waren. Andere mussten zur Therapie.

Zum Glück waren solche Erlebnisse nicht Alltag. Ich hatte mehr angenehme und freudige Ereignisse als solche, die immer wieder die Frage aufwarfen nach der Verantwortung jener Geistheiler, Beschwörer und all derer, die unbedingt eine Art Netzwerk aus Mystik, Geisterwelt, Satan und anderem über die Kräfte des Natürlichen, wenn auch manchmal Unbegreiflichen, hängen mussten.

Aber wer weiß, wie es mir damals ergangen wäre, als meine Seele verletzt, meine Psyche zersplittert und mein Körper kraftlos waren, wenn mir dann einer jener Mystiker begegnete. Denn nicht selten bin ich damals zu Vorträgen, medialen Sitzungen und neuen Heilern eingeladen worden, die alle verehrt und bewundert wurden. Vielleicht hätten sie auch Vorbild und Lehrer sein können, wie Ted. Wer weiß. Aber er und seine Seminare und meine neuen Wege waren mir inzwischen so vertraut, dass es keinen Grund gab, mich anders zu orientieren. Zum Glück. Wer weiß auch, ob andere Lehrer meinen ironischen Humor so gut verstanden hätten wie er. Da war mir das „friss oder stirb" schon lieber, wenn auch nicht immer eine Streicheleinheit für meine Seele.

IM GLEICHGEWICHT

Wenn mein Geschäft gerade mal wieder nicht so rosig lief, dachte ich, (dieser böse Gedanke sei mir gestattet), hätte ich einen Buckel und säße eine Katze darauf, würde der Andrang sicherlich nicht abreißen. Aber weder Buckel noch Katze fanden meinen Gefallen und ich war – auch ohne – mit meiner Oase und immer häufiger auch mit mir zufrieden. Meine inzwischen eingestellte Mitarbeiterin und ich bildeten ein gutes Team. Wir hatten einen liebevollen Umgang miteinander und so gelang es, eine optimale Atmosphäre herzustellen und beizubehalten.

Wann immer sich ein Seminar in unseren Räumen ankündigte, wir waren dabei. Wir wollten nicht nachstehen, wir wollten lernen, wissen, verändern. Wir wollten uns und das, was wir taten, begreifen. Wir wollten zurückblicken und aus Fehlern lernen. Wir wollten Zusammenhänge erkennen und vor allem aber den anderen, den Partner, unser Gegenüber verstehen. Wir wollten mit seinen Augen sehen, um das Wieso und Weshalb zu begreifen. Auf jedes Seminar folgten endlose Gespräche, wie man sie nur mit Menschen, denen man von Herzen verbunden ist, führen kann.

So vergingen Jahre mit aufregenden und weniger aufregenden Erlebnissen, Erfahrungen, Freude und Kummer, mit neuen und alten Freundschaften. Ted und seine Familie gehörten längst dazu.

Meine Seele hatte ich freigeschaufelt und hoffte nun, zu verstehen, was das Leben ausmachte. Die hiesigen Seminare wurden genauso zur erfreulichen Pflicht wie die Seminare auf Gran Canaria. Meine Freundin Lore und mich verband eine tiefe Freundschaft, die nicht immer ohne Komplikationen verlief. Denn unsere Lebensansichten glichen sich nur am Anfang, jetzt drifteten sie auseinander, wodurch auch immer.

Auf Gran Canaria war inzwischen ein Esoterikboom ausgebrochen. Einheimische und Zugereiste veranstalteten Seminare aller Art. – Lore besuchte Astrologen, Kurse in Thai Chi, Feng Shui, Reiki und vieles mehr. Im Gegensatz zu mir ging sie auch regelmäßig zu Medien oder Wahrsagern. Deren Anweisungen befolgte sie aufs Genaueste. Flog, wenn es ihr geraten wurde, an ihren Geburtstagen von der Insel in ferne Länder und wusch ihren Körper mit Lumpen, um Heilungsrituale zu vollziehen. Irgendwie passte das überhaupt nicht zu ihr und ich fragte mich oft, ob es wohl nur eine vorübergehende Laune sei. – Bei allen hellseherischen Prognosen, die sie so erhielt, hatte ich nicht das Gefühl, dass ihr irgendein Medium den Rücken stärkte, sondern ich beobachtete eher, dass sie die Prophezeiungen der Medien erfüllte.

Doch wir waren im Laufe der Jahre toleranter geworden und hatten trotz unterschiedlicher Ansichten und mancherlei Diskussionen immer schöne Ferien.

Lore gewann zur Esoterik und ihren Meistern erst wieder ein wenig Abstand, als sie mit ihrem „Freizeitspaß", so nannte sie ihren späteren Lebensgefährten, mehr oder weniger zusammen lebte. Er passte auch wirklich so gar nicht in diesen Eso-Kreis hinein.

Ja, die Freundschaften hatten sich verändert, durch die Esoterik, durch meine und auch die „Entwicklung" der anderen. Alte Freunde hatten sich entfernt, genauso wie am Anfang meine Familie. Das waren noch die Zeiten, als alle Sekten, Gurus, Heiler, Medien, Sanyassins und andere Gruppierungen in einen Topf als Esoteriker, Spinner und Besessene geworfen wurden. Nur eine alte Freundschaft blieb mir mit und ohne Esoterik erhalten: Berta und Jürgen. Berta kannte ich schon fast ein halbes Leben. Nein, mehr als mein halbes Leben. Ich bin Patentante ihres Kindes. Mit zunehmendem Alter vertiefte sich unsere Freundschaft, und wenn sich unsere Wege auch nur ein- oder zweimal jährlich kreuzten, fügte sie sich doch problemlos auch in meinen jetzigen Freundeskreis ein.

DIE MEISTERIN

Längst war meine Heilpraktikerin aus ihren kleinen, anheimelnden Praxisräumen ausgezogen. Sie hatte sich ein großes Haus gebaut und jetzt boomte ihre Praxis so richtig. Sie hatte einen guten Ruf und gute Preise. Vier Assistenten mindestens, die sie begleiteten. Ihr Telefon klingelte ständig. Die Preise zogen an, und wenn ich mir ab und zu eine Fußreflexzonenmassage gönnte, waren zwar ihre Hände bei mir, aber ihre Gedanken und ihr Ohr am Telefon, denn Ferndiagnosen, die ich nun mit anhören musste, waren ihre Stärke. Darauf angesprochen, vertrat sie die Meinung, dass es mein Problem sei, wenn ich mich vom Telefon ablenken ließe. Diesem „Problem" wollte ich nicht weiter nachgehen und stellte einfach die Massagen ein. Die Meditationsrunde besuchte ich vorerst weiter und erlebte neben wirklich angenehmen Stunden die erstaunlichsten Aussagen und Fragen der oft langjährigen Teilnehmer und Patienten. Frau Heiland war inzwischen in eine andere Welt aufgestiegen und fühlte sich als ihr Sprachrohr. Während der Meditationen saß sie jetzt auf einem Podest, damit sie auf ihre „Jünger" herabschauen konnte, während die „Jünger" nur hinter vorgehaltener Hand wagten, auch über die weltlichen Sorgen und Probleme ihrer Meisterin zu sprechen. Keiner wollte es sich mit ihr verderben. Ihre Seminare waren immer ausgebucht. Ein Seminar baute auf dem vorhergehenden auf. So konnte das zweite nicht ohne das erste besucht werden, wie auch keiner an der Meditationsrunde teilnehmen durfte, der nie ihr Patient gewesen war. Dadurch schloss sich der Kreis der Jünger immer fester.

Wurde sie krank oder von sonstigen Übeln heimgesucht, war es immer eine Warnung der „Spirits", die sie ständig begleiteten. Das betonte sie bei jeder Gelegenheit nachdrücklich. Die Spirits ermahnten sie, wenn sie sich übernahm und brachten sie dadurch ein Stück weiter nach oben – zur Erleuchtung. Manche ihrer Jünger stellten ein Bild von ihr auf den Nachttisch und beteten sie regelrecht an. Zu Beginn ihrer Meditationsrunden verneigte man sich jetzt vor ihr und den Spirits. Statt Meditation sollte jetzt der „Nullpunkt" gefunden werden. Die Teilnehmer saßen sich gegenüber und sollten sich für ca. fünfzehn Minuten in die Augen schauen, natürlich ohne zu blinzeln. Soweit kein Problem. Aber was war das, der „Nullpunkt", wenn mein Gegenüber sich in ein verzerrtes Gesicht, eine Fratze verwandelte, in der seine Augen gespenstisch funkelten?

Manches Mal sah ich vertraute Gesichter, deren Lebensgeschichte ich kannte. Sie erschienen wie Gesichter von Verstorbenen, die zu mir sprachen. Die immer gleichen Fragen der gleichen Teilnehmer nach ihrem Entwicklungsstand, die Verbeugungen. Zum Kreis dieser Jünger wollte ich nicht mehr gehören.

Das war die Zeit, zu der ich mich aus ihrem Kreis zurückzog, nicht ohne Dankbarkeit dafür, dass er mich auf den Weg gebracht hatte, der jetzt kein gemeinsamer mehr war.

Fast könnte ich meinen, ihre Spirits hätten mir einen Streich gespielt. Diese Zeilen, die ich gerade geschrieben habe, waren urplötzlich verschwunden. Wo ich auch nachschaute, sie waren nicht da, aber nur, um nach zwanzig Minuten ebenso geheimnisvoll wieder auf dem Tisch zu liegen. Na, wer kennt diese Situation nicht. Wie auch immer – mit Spirits oder ohne – Frau Heiland hatte eine wunderbare Gabe, Menschen ins Leben zurückzurufen. Durch ihre Sanftheit konnte sie die Psyche der Patienten stärken.

Jetzt aber fügten sich andere Menschen, andere Begebenheiten in mein Leben ein. Nur manchmal traf ich noch hier oder da einen ihrer Patienten, die sich zum Teil auch anderweitig orientiert hatten. Aber die waren meist nur enttäuscht, dass sie bei ihr nicht fanden, was sie wirklich suchten. Die meisten blieben ihr treu, bis dass der Weg sie scheidet.

Es war Zeit für eine Zwischenbilanz, und da fiel mir der Vers von Fred Endrikat ein:

Plötzlich bleibst du stehen und schaust zurück
auf den Weg, den du gegangen bist,
siehst die Jahre rückwärts, wie die Kilometersteine.
Manche sind beinah verblaßt im Dämmerscheine,
wie wenn Gras darüber hingewachsen ist,
wieder andre leuchten hell vor deinem Blick.
Deine Augen forschen nach den Sorgen und den Nöten,
über die dein Fuß so mühsam oft getreten,
klein und winzig wirken sie, von rückwärts aus gesehen.
Die Gedanken wie die kleinen Lämmer weiden
auf den Blumenwiesen der erlebten Freuden.
Möchtest du den selben Weg noch einmal gehen?
Wenn du stillstehst, wirst du deutlich sehn,
wie die Gegenwart wird zur Vergangenheit.
Lebenswert sind solch beschauliche Minuten,
Kraft zu schöpfen aus dem Quell des Guten
für den Marsch ins Morgen, denn der Weg ist weit.
Noch ein Blick ins Gestern, und dann heißt es:
Weitergehn.

(aus: Fred Endrikat „Der fröhliche Diogenes")

INNEHALTEN

Auch für mich hieß es jetzt erst einmal innehalten, zurückschauen und mich fragen, ob ich auf dem richtigen Weg und meinem Ziel näher gekommen war und sich Wünsche und Vorstellungen erfüllt hatten. – Ich ging den Weg gedanklich zurück und war noch nicht weit gekommen, da machte sich ein leichtes Unbehagen in der Magengrube breit. Womit konnte ich unzufrieden sein? Meine Gesundheit war wieder hergestellt. Meine Freiheit wusste ich zu nutzen. Das Geschäft machte mir viel Freude und ernährte mich und meinen Sohn. Ich hatte neue Freunde und auch meine Familie stand mir wieder näher. Was also hatte das leise Grummeln zu bedeuten? War es die Freizeit, die ich eigentlich nicht hatte? Verschanzte ich mich hinter all meinem „Können und Wissen", war mein Umfeld zu eng auf ein Thema begrenzt? Wurde auch ich langsam weltfremd in meiner Oase? Keine klare Antwort, die mich befriedigt hätte, kam mir in den Sinn. Eigentlich lebte ich doch mit mir und der Welt in Harmonie, oder? Vorerst gab es keine Klarheit und so blieb der Rückblick, wie so manches, für den Moment unvollkommen.

GESPRÄCHE MIT KUNDEN

Rückschau hielten auch Kunden und Freunde. Da war das Gespräch mit Agi: „Weißt du", sagte Agi eines Tages, „ich bin so mit der Esoterik und ihren Denkweisen verknüpft, wie der Kern mit dem Apfel, aber dennoch haben sich meine Wünsche und Hoffnungen nicht erfüllt. Jahrelang", sagte sie, „bin ich den Richtlinien anderer gefolgt, von denen ich bis heute überzeugt bin. Oft aber war ich nicht konsequent genug", sagte sie. – Da war sie wieder, die Konsequenz – „Ja", sagte sie, „wir sollten immer wieder alte Denkweisen über Bord werfen und neue Muster an deren Stelle setzen, aber das ist leichter gesagt als getan. Spring doch einfach mal ins Wasser, wenn du nicht schwimmen kannst. Meinst du, es wird jemand da sein, der dich rausholt? Oder meinst du, ich schaffe es selbst, aus eigener Kraft? Warum ist es denn so wichtig, dass ich schwimmen lerne? Ja, schön", fuhr sie fort, „es wäre wirklich schön, aber einfach ist es nicht. Ich kann das Risiko nicht eingehen – oder doch? Werde ich schwimmen gehen? Soll ich meine Angst überwinden? – Was ist eigentlich schwieriger", stellte sie die Frage in den Raum. „im alten Trott verharren oder neue Wege beschreiten?" Sie beantwortete die Frage selbst und sagte: – „Letzteres". „Ja", bestätigte ich, „Agi, aber du hast viele Sprünge gewagt und die meisten mit Erfolg überstanden." „Das stimmt", gestand sie ein, „oft war es leichter, als ich es in meiner Phantasie ausgemalt hatte. Aber manchmal habe ich das Gefühl, dass ich immer noch auf der Stelle trete."

Agi war kein leichter Fall. Ich kenne sie so lange, wie ich mich mit der Esoterik beschäftige. Wann immer ich die Frage „Wie geht es dir?" stellte, bekam ich die gleiche Antwort: „Im Moment nicht so gut, ich weiß nicht, was mit mir los ist." In all den Jahren wanderte sie durch die Stadt und besuchte Seminare bei verschiedenen Heilern, Medien, Gurus. Sie nahm an zahllosen Beratungen und Sitzungen teil, die ihr neue Möglichkeiten aufzeigten, dennoch saß sie meistens da wie ein Häufchen Elend. In all den Jahren schaukelte sie sich von Seminar zu Seminar, um etwas zu suchen, das sie nicht finden konnte. Immer noch wollte sie „jeder nur in die Pfanne hauen" und überall waren Schwarzmagier, die ihr Böses wollten – dachte sie. Sie wollte nicht sich verändern, sie wollte eine andere Welt, einen Garten Eden haben. Aber selbst in einem Garten Eden hätte sie sicher noch das Gefühl, von Schmetterlingen bedroht und gefressen zu werden. Würde es ihr helfen, wenn ich sie einmal rüttelte und schüttelte und ihr sagen würde: „Du selbst musst etwas wirklich wollen und du selbst musst etwas dafür tun?" Normalerweise sage ich ganz krass, was ich denke und handele mir damit nicht gerade immer Freunde ein. Wahrheit ist unbequem und tut nun einmal weh. Wie oft haben wir alle das erfahren. Wie oft versuchen wir, uns aus der Affäre zu ziehen. Erst, wenn wir uns die Mühe machen nachzudenken, begreifen wir, wer unsere echten Freunde sind. Schöngaukeln ist für mich mangelndes Interesse an anderen. Menschen, die ich mag, haben es daher besonders schwer mit mir.

Damals war nicht der richtige Zeitpunkt, Agi die Wahrheit zu sagen, und später verließ sie urplötzlich unsere Stadt, nahm ihre Sorgen mit und versuchte ihr Glück, ihr Seelenheil woanders zu finden. Ich kann nur für sie hoffen, dass sie es gefunden hat.

Hier, in meiner kleinen Welt, gab es noch genügend andere Seelen, die getröstet werden wollten. Auch meine eigene Seele brauchte so manche Streicheleinheit, denn die Veränderungen in meinem Leben kosteten viel Kraft.

PHANTASIEN

Irgendwie passte jetzt ein Puzzlestein in den anderen und es wäre sicher langweilig geworden, wenn es nicht immer neue Übungen und Phantasiespiele gegeben hätte, die meine Aufmerksamkeit erregten. Die Übungen dienten alle dem Zweck der Selbstverwirklichung und freien Lebensgestaltung. Jeder führte sie auf seine eigene, konsequente oder inkonsequente Weise durch. Letztere war mir zu eigen. Andere übten und übten, dass kaum noch Zeit blieb, das Ergebnis auszuleben. Johanna, zum Beispiel, hörte täglich drei Meditationskassetten zur Entspannung, zwei morgens, eine am Abend. Danach versuchte sie, Kanal zu sein, um von anderen Energien Anweisungen für den kommenden Tag in Empfang nehmen zu können. Da war Katja, deren Geister ihr befahlen, bei mir ein Buch zu stehlen, was sie mir später gestand und bezahlte. Ob sie ihren Geistern doch nicht so ganz vertraute?

Als mir immer mehr kostbare Steine „abhanden" kamen, hörte langsam auch mein Verständnis für Menschen und ihre Geister auf. Wie schon erwähnt, sind bekanntlich Esoteriker auch nur Menschen, und so begann ich, meine Ware zu verschließen. Enttäuscht, aber dennoch an das Gute glaubend, versuchte ich, meine Vorsichtsmaßnahmen so dezent wie möglich zu treffen, waren wir doch gerade dabei, Visionen zu entwickeln und dazu gehörten nur ehrliche Menschen. Sie sollten durch offene Kommunikation einander näher kommen und verstehen.

Wir entwickelten Ideen und Phantasien, wie wir unsere Zukunft gestalten wollten und welche Menschen und Möglichkeiten hineinpassten. Wir schwelgten in Reichtum und Ruhm, wenn auch nur in der Phantasie, doch es war ein herrliches Gefühl, hätte nicht so manch einer Phantasie und Wirklichkeit verwechselt. Horst fällt mir ein, der am Ende dreitausend Mark Schulden hatte. Es gab aber auch einige Leute, deren Visionen Wirklichkeit wurden. Nicht die, die fünfzig Mark in der Lotterie gewannen und sofort von riesigen Gewinnen sprachen, obwohl sie vorher hundertfünfzig eingesetzt hatten. Nein, es gab sie wirklich, die Gewinner. Manch einer gab alte Vorstellungen, Freunde, Beruf und Wohnung auf, um neu anzufangen und schaffte es mühelos. Andere wechselten ihren Job und wurden erfolgreich in allen Bereichen ihres Lebens. Es war schön, solchen Menschen zu begegnen. Es war schön, eigene Erfahrungen mit seriösen Helfern und Heilern bestätigt zu wissen und tröstete über nimmermüde Nörgler und Unzufriedene hinweg.

Ted hatte längst seine Veranstaltungen aus den kleinen Hinterzimmern über meinem Laden in große Hotels verlegt. Seine Seminare fanden mehr Zuspruch als je zuvor. Coaching und Firmenberatung kamen dazu, und auch ohne Werbung füllte sich allein durch Mund-zu-Mund-Propaganda sein Terminkalender. Der Heilpraktikerboom erledigte sich durch erschwerte Prüfungen von selbst. Und nur wenige, die frühzeitig die Prüfung gemacht hatten, übten den Beruf dann aus. s– Zum Glück, dachte ich – denn, konnte man Menschen, die gerade sechs Monate die Schulbank gedrückt hatten, um die Prüfungsfragen für die Zulassung auswendig zu lernen, wirklich auf die Menschheit loslassen?

Ich war erfreut, zu beobachten, dass immer mehr Mediziner sich jetzt auch mit alternativen Heilmethoden beschäftigten. So bleibt zu hoffen, dass eines Tages die Ganzheitliche Medizin voll akzeptiert und von Krankenkassen bezahlt wird. Sicher hat die Esoterik auch kritische Forscher vorangetrieben, Seele und Geist genauer zu untersuchen, sei es auch nur, um herauszufinden, dass beide nicht vorhanden seien, wie auch ich mich anfangs nur auf die Esoterik einließ, um zu beweisen, dass ihre Theorien nicht stimmen konnten. Die Zukunft wird zeigen, ob die chinesische Medizin, Ayurveda oder die Akupunkteure die Zusammenhänge des Körpers und der Psyche begreiflich machen können, so dass moderne Medizin und altes Wissen nebeneinander ihren Platz finden und Scharlatane erkannt und herausgefiltert werden können, und dass durch immer mehr Eigenverantwortung immer weniger Hilfsmittel benötigt werden. Denn davon kamen damals – damit meine ich die Zeit um 1994 – immer mehr auf den Markt.

Energieplatten für Mensch und Tier, Scheckkarten zur Entspannung, Pyramiden für den Kopf, um Strahlen zu neutralisieren und Lebenskraft zu spenden, Rezeptoren, um negative Energien umzuwandeln, Wasserfilter, Duftöle, Biotensor, Quijabrett, Farbkarten, Magnetstreifen und -bänder, Hexagramme und Pentagramme reihten sich zwischen Räucherwerk und Zaubertrank ein. Kein Tag verging, ohne dass die Post ein neu-

es Medium zur Selbstverwirklichung in den Briefkasten warf.
Ging es hier wirklich noch um Hilfe zur Selbsthilfe, oder entwickelte sich die Esoterik zur Geldschneiderei? Esoterikmessen
schossen wie Pilze aus dem Boden. Im Grunde waren sie reine
Verkaufsmessen, natürlich, das muss ich zugeben, immer aus
meiner Sicht betrachtet – aus der Sicht einer teilhabenden Kri-
tikerin.

DAS GROSSE GESCHÄFT

Auf den Messen bot jeder seine Ware feil, die natürlich zur
Erleuchtung führen sollte, nicht ohne zu erläutern, dass vorher
mindestens ein Gerät zur Entstrahlung des Körpers, eines für
Nahrung, eines für das Wasser, eines für die Seele und viele
andere kleine Hilfsmittel für den Weg dahin benötigt würden.
Wer sollte sich hier noch auskennen? Auch ich fand mich nicht
mehr zurecht. Da gab es Edelsteine, Auraclearing, Reiki-Hei-
lung, Metamorphose, Bioenergetik, Kinesiologie, Feng Shui, As-
trologie, Tarot, Aurasoma, Delfin-Swimming, Aromatherapie,
Avata, Rolfing, Qi Gong, Yoga und tausend andere Dinge. Jeder Verkäufer war davon überzeugt, dass nur sein Produkt, seine Methode auf dem Weg zu Gesundheit, Erleuchtung oder
wohin auch immer, erfolgversprechend sei. Die Toleranzgren-
ze für andere Artikel war relativ gering. Ja, man musste verkaufen, die Messegebühren waren hoch.

Ich hatte das Verkaufen um jeden Preis schon bei der Eröffnung des „Edelstein" aufgegeben. Ich wollte nicht nur Geld
verdienen, ich wollte, wie schon erwähnt, von und vor allem
mit Edelsteinen leben. Beides gelang mir zufriedenstellend. So

blieb ich diesen Messen nach einem einmaligen Versuch fern, sparte Kosten und war, falls überhaupt, nur als Besucherin dort zu sehen.

Der „Edelstein" war bekannt geworden und es kamen Menschen aus allen Stadtbezirken. Die Teerunde wurde zum beliebten Treffpunkt und manchmal bot sich dort auch der Einstieg in die Esoterik.

TRÄUME IN L.A.

Das angekündigte Seminar in Los Angeles vor Augen, hieß es erst einmal Koffer packen. Ein langer, anstrengender Flug. Aber dann nur Sonne, Strand, Palmen und Piña Colada. Es war herrlich in Los Angeles. Das Meer still und warm. Ich traf viele alte Freunde, und natürlich war auch Lore dabei. In dieser traumhaften Umgebung, das ist doch klar, konnte es wieder nur ein Traumseminar geben. Hier hätte ich schon mit offenen Augen träumen können, denn Palmen und Meer ließen die Zeit stehen bleiben. Wenn wir versammelt waren, ballte sich die Energie im Raum. Nach Theorie und neuer Praxis der Traummöglichkeiten, lernten wir auch, wie man in Traumebenen anderer einsteigen kann. Wir hatten sagenhafte Erlebnisse in kollektiven Träumen. Buntes Treiben herrschte auf der Traumebene.

Danach ging es ans „Träumen als Schlüssel zur Seele". Wir lernten Traumsymbole verstehen und gingen, wie von magischer Hand geführt, durch Nebelschleier, um dort geistige Helfer zu treffen. Wir versuchten, über den Traum Kontakt mit Verstorbenen aufzunehmen und unserem eigenen Ich zu begegnen. Und so traf ich in den noch verbleibenden drei Tagen meine Großmutter, meinen Großvater und mich selbst. Letzteres war nicht gerade angenehm. Von den Erlebnissen möchte ich hier nur einige erzählen.

Ich sah mich in Indien im Alter von sechs Jahren. Ein Mann, der nicht mein Vater war, stand mit mir auf einem großen, weiten Platz, wo Frauen geschlagen wurden (ich kenne Indien nicht). Ich stand da, klein und verängstigt. Doch die Hand des Mannes, die auf meiner Schulter lag, strahlte Ruhe und Wärme aus. Ich sprach nicht, hatte aber tausend Fragen. Als ich sie stellen wollte, merkte ich, dass ich nicht sprechen konnte. Auch begriff ich, dass ich nicht hören konnte und wusste, dass dies der Grund meiner Angst war, denn ich konnte das, was ich sah, nicht deuten und niemand konnte es mir erklären. Ich verstand nicht, weshalb Frauen geschlagen wurden, weshalb ich schmutzig war und Menschen sich übel gebärdeten. Ich stand da und überlegte, was nun aus mir werden sollte. Da sah ich es auch schon. Ich war erwachsen, ich war ein Mönch, ein Mönch voller Hass. Unmöglich, schoss es mir durch den Kopf – ein Mönch voller Hass? Da sah ich und fühlte, wie sehr ich Gott liebte und doch war ich unzufrieden, weil es mir nicht möglich war, die Menschen zu lieben. Ich sann nach einem Ausweg, aber fand keine Lösung. So stach ich mir einem Dolch in die Brust, mitten ins Herz. Meine Seele flog wie auf rosa Wolken dahin. Halt, halt, dachte ich – ich wollte doch noch wissen, wo ich wiedergeboren würde, aber meine Seele flog wie von tausend Düsen angetrieben davon. Mein ganzer Körper bebte. Es rüttelte und schüttelte mich, mir wurde heiß und mich fröstelte, die Zähne klapperten. Ich erwachte.

Mir schien, als käme ich aus einem anderen Leben zurück. Ich war erschüttert und konnte über diesen Traum nicht sprechen. Ich nahm mir vor, ihn am Abend mit in den nächtlichen

Traum zu nehmen, um zu ergründen, was er zu bedeuten hatte. Das Erlebnis ließ mich den ganzen Tag nicht los, weshalb es mir auch am Abend nicht schwer fiel, es mit in den Traum zu nehmen. Obwohl ich mich lange hin und her wälzte, schlief ich irgendwann ein.

Ich fand mich in einem riesengroßen Garten wieder, einem Garten voller Rosenbeete und riesiger Bäume, mittendrin ein hochherrschaftliches Haus. Es war die Zeit der Sklaverei, und ich befand mich im Garten meiner Eltern. Die Sklaven arbeiteten im Haus und im Garten. Sie putzten und sattelten die Pferde und waren mit allerlei Dingen beschäftigt. Ich saß auf der Schaukel und sah ihnen zu. Bunte Schleifen hatte ich im Haar und mein viel zu langer Rock schaukelte mit mir im Wind. Die Welt schien in Ordnung. Als es dunkel wurde, kroch ich unter einen dicken, alten Baum. Meine Mutter rief mich, doch ich wollte nicht hören. Ich blieb unter meinem Baum. Da plötzlich hörte ich Schritte. Ein riesengroßer, schwarzer Afrikaner kam, um mich zu holen. Er streckte seine Hand aus und rief mich. Ich erinnere mich nicht an den Namen. Ich hatte furchtbare Angst und kroch immer tiefer in den Baum hinein. Der Schwarze redete und redete und ich bekam immer mehr Angst, obwohl ich ganz genau spürte, dass der Mann mir nichts Böses wollte. Ich kroch immer tiefer und tiefer und die Angst stieg mir höher und höher. – Da wachte ich auf. Es war drei Uhr morgens und ich konnte meine Angst nicht los werden. Ich konnte nicht schlafen, hatte nur Angst, eine Angst, die ich aus dem Traum mit in die Wirklichkeit nahm. Ich fragte mich, ob Träume immer noch mein Lieblingsthema wären. Angst, das hatte ich mir doch schon längst vorgenommen, wollte ich nie wieder haben. Nicht im Wachen und nicht im Traum. Ich besann mich auf meinen schon erwähnten „Rettungsring" und Gott sei Dank war die Angst nach dem Frühstück verschwunden. Aber das Traumseminar war noch nicht beendet, und ich möchte von einem weiteren Traum berichten:

Bevor ich die Lücke zwischen Wach- und Traumzustand fand, konzentrierte ich mich, wie ich es gelernt hatte, auf eine Tür, die ich, als ich den Traumzustand erreichte, vorsichtig und behutsam öffnete. An der Innenseite befand sich eine Rose, die durch das Licht leuchtete, aber im Inneren herrschte totale Finsternis. In der dunkelsten Ecke saß ich, nein, nur ein Teil von mir, ein kleines Etwas, das zu mir gehörte. Ich sah dieses schwarz gekleidete Etwas und wusste, dass ich es war, dass es ein Teil von mir war. Ich war aufgebracht, gab dem Teil von mir einen Fußtritt und schrie: Reiß dich zusammen, häng nicht so rum hier! Ich erschrak, konnte ich mit mir so umgehen, so boshaft, so herzlos? Ich schämte mich und war bemüht, mit diesem Etwas liebevoller ins Gespräch zu kommen. Ich lockte es ans Licht. Nur raus aus der Dunkelheit, schnell ans Licht, dachte ich. Trotz all meiner Überredungskunst dauerte es endlos, bis es hell wurde. Doch nun erschien mir alles noch trauriger als in der Dunkelheit. Ich redete immer wieder auf mich, auf meinen Teil ein und versuchte, ihm angenehme Dinge zu erzählen. Aber die Traurigkeit blieb, auch als ich mich bemühte, eine schöne Zukunft auszumalen. Doch mein Teilstück wurde nicht leichter, nicht froher, es half alles nichts. Ich versuchte, für uns gemeinsam eine rosige Welt auszumalen: in der Sonne, am Strand unter Palmen, mit üppigen Blumen, die Vögel sagen, das Rauschen des Meeres klang wie Musik. Es fehlte an nichts, dennoch umgab uns nur eine düstere Traurigkeit. Diese Traurigkeit schien mir unerträglich und so sagte ich zu meinem Teil, dass er die Wahl habe, mit mir so zu leben wie ich es mochte, oder ich müsste meine eigenen Wege gehen. Er wollte nicht mit mir gehen und nicht mit mir leben. Mein Herz wurde noch trauriger als zuvor und es fiel mir unendlich schwer, eine andere Richtung einzuschlagen und diesen Teil von mir zurückzulassen. Ich nahm innerlich von ihm Abschied und danach verschwand die Traurigkeit.

Völlig aufgelöst und erschüttert kehrte ich in die Wirklichkeit zurück. War es wirklich ein Abschied? Von meiner Vergangenheit, die ich längst vergessen und verarbeitet glaubte?

Langes Grübeln war gottlob nicht möglich, aber ein paar Stunden blieben doch, um die Träume zu verstehen und zu deuten. Es war der letzte Seminartag, danach gingen Lore und ich auf große Fahrt durch die USA. Unsere Begeisterung über die Filmstudios wurde nur durch die Erlebnisse in Disney Land übertroffen. Wir bestaunten mit großen Kinderaugen die Märchenwelt, in die wir einige Tage eintauchten. Unerfüllte Kinderträume lagen vor uns ausgebreitet. In meinem Zimmer hing ein Spruch, der sagte: Schließ deine Augen, denk an deine Wünsche und Träume und du wirst sehen, sie werden wahr.

Ja, es war eine herrliche Reise, eine herrliche Reise ins Blaue. Wo immer es uns gefiel, machten wir Station und genossen einfach nur das Leben und die vielen sich bietenden Möglichkeiten. Ein zauberhaftes Restaurant erweckte eines Abends unsere Neugierde. Nachdem wir die Speisekarte überprüft hatten, wurde beschlossen, hier bleiben wir. Das *Diner* war köstlich und der Nachtisch *delicious*. Beim Verlassen des Restaurants entdeckte ich am Ausgang einen kleinen Tisch, hinter dem ein Mann mittleren Alters gelangweilt in die Zeitung starrte. Über dem Tisch hing ein Schild, auf dem stand: Metaphysical centre in church, private consultation, new and used physical books, candles, games and stones, tarot, incense, greeting cards,

Christmas cards, handmade wooden crosses and much more. Ich konnte nicht widerstehen und entschloss mich für *much more*, sprich Numerologie.

Er sagte mir voraus, dass ich heilende Hände hätte, dass ich mit Farben arbeiten würde, dass ich mehr nehmen als geben sollte, um Energie zu sparen, auf meinen Rücken aufpassen müsste, dass meine Knie lädiert seien und ich Acht geben sollte. Dass ich 1994 eine ganz bestimmte Arbeit aufgeben und 1995 einen Neubeginn starten würde. An diesem Abend hatten wir nur unseren Spaß mit ihm. Im Nachhinein weiß ich, dass er nicht so ganz Unrecht hatte.

Wir trafen Gaukler, Zauberer und Aussteiger an den Stränden und begegneten Rolex und Cartier an den Swimmingpools. Es war eine wunderschöne Zeit, eine Zeit, die viel zu schnell verging. Zum Abschied wollten wir unbedingt noch einmal in Los Angeles auf die Shoppingmeile gehen. Hier schien alles im Überfluss vorhanden zu sein. In einem Juweliergeschäft sahen wir Schuhe mit echten Diamanten im Absatz. Ob damit jemand rumlief? Immerhin waren dort mindestens zehn Halbkaräter untergebracht und ich stellte mir vor, wie es wohl sein mochte, wenn einer verloren ging. Ich konnte nicht widerstehen und fragte den Juwelier, ob so etwas tatsächlich jemand auf der Strasse anziehen würde. Er guckte mich überrascht an und sagte, „of course, sure", was so viel heißt wie, na selbstverständlich. Na ja, wir waren eben im Land der unbegrenzten Möglichkeiten. Diese Schuhe konnte und wollte ich mir nicht leisten. Aber hier und da erstand ich doch eine Kleinigkeit als Reisesouvenir. Am Flughafen gaben wir das Auto ab, Lore checkte ein nach Gran Canaria und ich flog zurück nach Deutschland.

Nach langem Flug wieder übermüdet zu Hause gelandet, erschien mir meine Stadt nach den unendlichen Weiten Amerikas klein und beengt. Vor meinen Augen überall Mauern, Häuser und kein Himmel, der ans Meer oder an die Steppe grenzte. Erst als mein Sohn mich in die Arme schloss, kamen auch mein Herz und meine Seele langsam an. Meine Mitarbeiter hatten mit Blumen und Kuchen meine Ankunft vorbereitet und alle Kunden und Freunde freuten sich über meine Rückkehr. Ich fühlte mich mit der Welt in Einklang und mein Leben schien einen Höhepunkt erreicht zu haben.

Doch dann überkam mich plötzlich das Gefühl, als ob jemand diese heile Welt aus den Angeln heben wollte. Es rüttelte und schüttelte und mein Leben fiel vom Höhepunkt bis in das tiefste Tal. Meine jüngste Schwester erkrankte schwer, sie hatte Krebs. Trotz allem Wissen, trotz aller Erfahrung stand ich dieser Krankheit hilflos gegenüber. Erregung, Traurigkeit, Hoffnung und Operationen lösten einander ab. Wir verbrachten viel Zeit miteinander, den Tod ignorierend. Unsere Hoffnung erfüllte sich nicht. Von all meinen mir bekannten Helfern und Heilern, von alternativen Heilmethoden wollte sie nichts wissen. Erst kurz vor ihrem Tode begegnete sie einem mir unbekannten Heiler. Sie war begeistert von ihm. Aber es war zu spät jedenfalls, um dieses Leben zu verlängern. Lange habe ich nachgedacht, ob sie ihre ach so oft erwähnte Prophezeiung „ich werde sowieso nicht alt" erfüllte, ob sie es in der Tat wusste. Sie starb ohne ein lautes Ach und Weh, nachdem sie ihr Leben bis zum letzten Tag so gut es ging genossen hatte.

Als ich bei ihr eintraf, war sie bereits eine Stunde tot. Da tauchten Fragen auf wie: Warum hat sie nicht gewartet? Ich hätte so gern ihre Hand gehalten, hätte sie hinüber geleitet. Ein letztes Lebewohl.

Zurück blieben Trauer und Schmerz und Hoffnung auf die Wiedergeburt. Ich war wie versteinert, erschrocken und ratlos. Nicht eine Träne lief über mein Gesicht. Es geschah an einem Montag um 18.00 Uhr, vier Wochen vor ihrem Geburtstag, als sie in einem Sanatorium starb. Niemand war bei ihr als ihr Körper diese Welt verließ, um ihre Hand zu halten.

Niemand war bei mir, als ich ihre letzten Sachen an mich nahm, niemand war bei mir, um den Schmerz zu teilen. Die Nacht war lang, erst nachdem die Kirchturmuhr viermal geschlagen hatte, musste ich dann doch endlich eingeschlafen sein. Als ich am Morgen erwachte und alle Anspannung sich im Fluss meiner Tränen löste, hatte ich Gewissheit, dass, als ihr Körper diese Welt verließ, sie von all den Schmerzen erlöst und uns nicht mehr vermissend, in eine andere Welt eingetaucht war. Wie sonst erklärt es sich, dass ich in der Nacht ihres Todes, in der Nacht der Sorge und Not, der Verzweiflung einen so innigen Traum gehabt hatte. Einen Traum, den ich wie einen Schatz hüte und dessen Gefühle ich nicht beschreiben kann, Gefühle, von denen ich nicht sagen kann, wann ich sie je vorher erlebt hätte. Gefühle von inniger Verschmelzung, die sich nicht in Worte fassen lassen, am ehesten noch als ein Empfinden von Glückseligkeit. Vielleicht ist das ein Gefühl der Erkenntnis gewesen.

Trotzdem war eine Lücke entstanden, die mir wieder einmal vor Augen führte, wie kostbar jeder Tag dieses Lebens ist. Fragen nach dem Sinn ihres kurzen Lebens, sie wurde nur 45 Jahre alt, Fragen nach dem Tod, tausend Fragen, die nur manchmal in Zwiesprache mit ihrer Seele beantwortet werden können. Immer wieder die Frage, weshalb ich nicht die Möglichkeit des Todes noch zu ihren Lebzeiten in Betracht zog, weshalb ich nicht mir ihr darüber sprach. Weshalb sie nicht gewartet hat, bis ich ihre Hand in meine hätte nehmen können, um ganz nah bei ihr zu sein in der Stunde des Abschieds, wohl wissend, dass sie noch im Angesicht des Todes darauf bedacht war, mir Kummer zu ersparen, den sie mir ohnehin durch ihren Tod bereiten musste.

War der Traum ein Zeichen, dass sie weiter lebte? Trotz dieser Hoffnung Traurigkeit. Denn, wann immer wir uns wieder begegnen würden, würden wir sicher nichts wissen von dieser Welt, in der wir Geschwister waren. Vielleicht würden wir die Seelenverwandtschaft spüren, aber würden wir einander lieben, miteinander lachen oder streiten können wie in diesem Leben?

KONTAKTE

Der Tod meiner Schwester und die vielen damit verbundenen offenen Fragen beschäftigten auch die Freunde meiner Teerunde. Tod, Trauer, Leben, Beendigung und Krankheit schienen unerschöpfliche Themen zu sein. Bücher über das Leben nach dem Tode waren zur täglichen Lektüre geworden. Astralreisen wurden wieder aktuell und Kontakte über die Traumebene waren Pflicht, jeder von uns hatte schon einen geliebten Menschen verloren, mit dem wir jetzt versuchten, in Kontakt zu treten.

Olga erzählte eines Tages, wie ihr verstorbener Vater ihr eines nachts die Nachricht überbrachte, dass sie ein ganz bestimmtes Buch kaufen sollte. Er äußerte sich völlig sachlich und informativ, ohne die liebevolle Beziehung spüren zu lassen, die sie zu Lebzeiten hatten, sagte sie und schüttelte immer noch ungläubig den Kopf. „Ich habe in meinem Buchladen nachgefragt", fuhr sie fort, „aber der Titel ist dort nicht bekannt." Karin berichtete, dass sie astral in einer Gegend war, die sie nicht kannte. Dort habe sie Mona, die Freundin ihrer Mutter, getroffen. Aber Mona sah sie offenbar nicht und hörte auch nicht auf ihren Namen. „Mona stand teilnahmslos am Fenster und schaute hinaus, bis ich wieder ging", sagte Karin.

Mir gelang es nicht, Kontakt zu meiner Schwester aufzunehmen, so sehr ich mich auch bemühte. Offenbar war das Traumerlebnis in der Nacht nach ihrem Tod der endgültige Abschied.

Olga aber kam eines Tages und erzählte, dass das Buch, welches ihr Vater ihr im Traum empfohlen hatte, in Englisch zu haben sei. Sie hatte es gelesen und darin wichtige Hinweise für ihre bevorstehende Prüfung gefunden.

Karin war erstaunt, als ihre Mutter später erzählte: „Ich habe Mona im Traum gesehen und sie hat mit dir gespielt, als du noch ein Kleinkind warst." Karin sagte, dass sie ihrer Mutter nichts von ihrem Astraltraum erzählt hatte, denn sie hätte es sowieso nicht verstanden.

Edelsteine, die mich immer in die schönsten Traumerlebnisse geführt hatten, schienen mir jetzt alle Türen zu verschließen. Ich gab schließlich meine Versuche auf und es kam mir in den Sinn, ob vielleicht der Traum des Abschieds von diesem Teil von mir mit dem Tod meiner Schwester in Verbindung gestanden hatte.

Olga und Karin setzten ihre Versuche fort und berichteten uns noch oft von erstaunlichen Ergebnissen.

MAIK

Aufregung herrschte in der Stadt, der Besuch eines neuen Mediums kündigte sich an. Er hieß Maik und kam aus London. In den Räumen von Frau Heiland sollte nun er statt Rosé die Zukunft, den Lebensweg der Suchenden in Augenschein nehmen.

Er nahm, sah und siegte. Alle waren zufrieden. Wie sagte Ulla scherzhaft: „Es war toll, er hat mir genau das gesagt, was ich hören wollte. Na ja," fuhr sie schmunzelnd fort, „deshalb bin ich ja auch hingegangen." Maik war ein außerordentlich netter Afrikaner, dessen Begabung sich in der Stadt wie ein Lauffeuer verbreitete. So kam er häufiger und seine Sitzungen fanden einen regen Zulauf. Er stammte aus einfachen Verhältnissen und hatte seine Begabung, so hörte man, schon als Kind im Spiel mit Freunden entdeckt. Er war beliebt, wurde bekannt und soll zuverlässige Aussagen gemacht haben. Eines Tages hörte ich, dass für Maik gesammelt wurde. Er war krank, schwer krank und seine finanziellen Mittel waren durch Medikamente aufgebraucht. Später erhielten wir eine Danksagung seiner Schwester. Er selbst konnte nicht mehr schreiben. Bald darauf starb Maik in Armut.

Wieder machten sich Fragen und Unverständnis in mir breit. Völlig unterschiedliche Meinungen kursierten. Es gab die Ansicht, Medien sollten kein Geld für ihre Prophezeiungen nehmen, da sie ihre Gabe von einer höheren Macht verliehen bekamen. Oder man glaubte, dass manche Medien sich nicht abgrenzen könnten und so die Probleme und Krankheiten anderer anziehen würden. Eine wirkliche Antwort fanden wir alle nicht. So kam wieder Rosé statt Maike in die Stadt und wenn Rosé sie wieder verließ, folgten Astrologen und Numerologen, denn jeder wollte gern einen Blick in die Zukunft werfen lassen. Meine Zukunft bereitete mir keine Sorgen – oder doch? Denn das „Eigentlich", was beim einstigen Innehalten grummelte, erschien plötzlich ganz deutlich. Eigentlich, fiel mir auf, eigentlich hatte ich überhaupt kein Privatleben mehr und kaum Freizeit. Ich lebte mein Leben, wie ich es vor Jahren geträumt hatte. Ich lebte in meiner Oase mit den Edelsteinen. Nur damals im Traum hatte ich nicht die Begleiterscheinungen gesehen, die

Problembeladenen und solche, die mit ihrem Heiligenschein kaum noch durch die Tür kamen und damit beschäftigt waren, die Löcher ihrer Aura zu stopfen.

Nein, ich wollte nicht mehr Seelentröster sein, ich wollte auch nicht für meine „Fortschritte" bewundert werden und auch nicht mehr die nimmermüden Reden der Erleuchtung hören. Ich hatte meine Spielwiese und habe mir meine Sonne gemalt und an Wiese und Sonne anderer mit Hand angelegt. Die Hand von Ted hatte ich fast unmerklich losgelassen und aus meinen Gehversuchen waren längst feste Schritte geworden. In vielen Seminaren Erlerntes war längst zur Selbstverständlichkeit geworden, gehörte einfach zum Alltag. Das Beobachten der Menschen um mich herum verlangte mir noch immer manches Kopfschütteln ab, aber ohne dass mich ihr Tun oder Handeln sonderlich berührte. Meine Edelsteine lagen mir mehr denn je sam Herzen. Wir waren zu einer Einheit geworden. Aber Hunderte von Edelsteinbüchern, die auf den Markt kamen, verunsicherten durch unterschiedlichste Aussagen oft die Kunden und manchmal sogar mich. Manches Buch roch geradezu nach Geldschneiderei, und oft fehlte jegliches Fachwissen
.
Dennoch wurden die Bücher von Suchenden wie Modedrogen verschlungen. – Für fünf Mark ein Stein gegen Kopfschmerzen, und wenn er nicht sofort hilft, bloß keinen Gedanken an die Ursache verschwenden. – Nein, da gibt es ja noch Öle, Räucherwerk, Duftkissen, Tees und vieles mehr – alles ab fünf Mark aufwärts. Danach wird es dann teurer. Denn, wenn alles nicht geholfen hat, muss die Hand eines Heilers, eines Helfers her. Nein, das war nichts mehr für mich. Langsam begann ich zu begreifen, oder hatte ich schon begriffen, mein Ziel genauer definiert? War ich auf dem besten Weg und waren meine Wünsche und Vorstellungen dieselben geblieben? Hatte ich vielleicht,

nachdem ich so unendlich viel gelernt und durchgesetzt hatte, meine Wünsche und Ziele in Anbetracht der erkennbaren neuen Möglichkeiten höher gesteckt? War ich jetzt durch die tausend Angebote dabei, in einen Sog von Seelenheilverkäufern zu geraten?

Nein, das war nicht mehr der Traum von einst.

Mein Grummeln wurde immer stärker und ich begann, an eine Geschäftsaufgabe zu denken. Mein Traum hatte sich erfüllt. Jahre voller Freude und Selbstverwirklichung im Kreis von Heilern, Gurus, Magiern und solchen, die es werden wollten, lagen hinter mir. Jetzt war es Zeit zu gehen.

Meine Mitarbeiter erfuhren bald von meinem Entschluss und waren erschrocken, traurig und den Tränen nahe. Unsere Oase bedeutete auch ihnen mehr als nur ein Arbeitsfeld. Die Teerunde war sprachlos, denn auch ihnen wurde bewusst, dass eine schöne Zeit sich ihrem Ende zuneigte, eine Zeit, die zuviel positive Spuren hinterlassen hat, zu sehr in mein Leben eingedrungen ist, als dass ich sie vergessen könnte oder wollte.

Offiziell ging aber vorerst alles weiter wie bisher, nur herrschte innerliche Aufbruchsstimmung.

AUFBRUCH

Aufbruch – wohin? Vorerst wieder ohne konkretes Ziel, bereitete ich mich zunächst einmal auf meine Prüfung zur Psychotherapeutin vor, schmiedete allerlei Pläne und spielte mit vielen Möglichkeiten. Keine, die mich so richtig begeisterte, war dabei. Dennoch spürte ich, eine Epoche war für mich innerlich abgeschlossen. Sprüche wie: „Keiner muss"; „Wir dürfen doch nur"; „Denk nicht, sondern tu lieber", die jedes Gespräch unterbrachen, wurden mir unerträglich. Keine vernünftige Unterhaltung schien möglich. Von morgens bis abends drehte sich alles bei den einen um Probleme, die mir oft keine zu sein schienen, und den anderen ging es um die Erleuchtung. Dazwischen gab es kaum Raum für andere Themen. Dafür eilte man, um die neuesten Hexen, Heiler und Helfer zu begrüßen. – Es blieb nur zu hoffen, dass einige unter ihnen waren, die wie Ted an Eigenverantwortung, Selbstbewusstsein und Selbstvertrauen appellierten.

Da sowohl meine Hobbys als auch sonstige Freizeitaktivitäten immer irgendwie mit meinem Geschäft und der Esoterik verknüpft waren, lebte ich in einem geschlossenen System und die Welt außerhalb erschien mir oft fremd und fast bedrohlich. Das sollte jetzt anders werden.

Jahrelang war ich mit mir und meiner Seele beschäftigt gewesen, hatte vor langer Zeit einen Strohhalm ergriffen, der mich ins Leben zurückzog, hatte neu angefangen, unbekannte Wege beschritten und fremde Welten kennengelernt.

Der Strohhalm war längst zur Hand eines Freundes geworden und Wege und Welten mir inzwischen vertraut.

Mein Entschluss stand fest, und nach einigen schlaflosen Nächten gab ich wieder einmal ein Inserat auf. Zwar war in den Jahren mein Selbstvertrauen erheblich gewachsen, dennoch wollte ich den „Edelstein" erst verlassen, wenn ich einen Nachfolger für meine „Spielwiese" gefunden hätte. Es kamen viele Interessenten und ich gab viele Inserate auf. Es kamen Menschen guten Willens, aber ohne Geld für die Warenübernahme, und, wie es so ist, geben die Banken ungern Kredit an Leute ohne Sicherheiten und schon gar nicht für einen Esoterikladen. So dauerte es, und ich konnte ganz langsam Abschied nehmen.

Eines Morgens kam Josi in den Laden und zeigte aufgeregt einen Flyer. Dort stand: Ich sprach mit Jesus von Nazareth. Ja und? fragte ich. Denn solche Flyer waren keine Seltenheit. „Da kannst du doch einmal hingehen", sagte Josi, „vielleicht weißt du danach, ob du deinen Laden wirklich aufgeben solltest." Ich schmunzelte nur. Ich drehte den Flyer hin und her, denn irgendwie kam er mir bekannt vor – die Aufmachung, der Text. Bitte nicht rauchen, stand da, falls niemand was dagegen hat, sagen wir du zueinander. Den Betrag, 15, – DM, bitte in der Pause entrichten. Name und Adresse für künftige Informationen in die Anwesenheitsliste eintragen. Falls jemand ein Horoskop braucht, bitte das Geburtsdatum dazu schreiben. Jetzt wusste ich, weshalb mir der Flyer so vertraut erschien. Da stand nämlich noch: Bitte beim Verlassen der Wohnung darauf achten, dass die Katze nicht mitgeht. Thema: „Reinkarnationssitzung einer jungen Frau, die in einer Inkarnation als Mönch mit Jesus im Kloster lebte und seinen Weg bis zur Kreuzigung miterlebte." –

Ich lernte diese junge Frau nie kennen. Ich war altmodisch. Wenn ich mit Jesus, dem lieben Gott oder welcher Name für das Beten auch immer in Betracht kommt, sprach, dann tat ich es wie als Kind, mit gefalteten Händen und am liebsten ohne Zuschauer. Dennoch dankte ich Josi für ihren gut gemeinten Rat.

Wie Josi meinten es viele Menschen gut mit mir und bemühten sich, Nachfolger zu finden, denn das Geschäft, das war allen klar, sollte erhalten bleiben. Eine Bekannte erzählte, sie wäre auf einer Ufo-Sitzung gewesen und hätte einen Freund aus dem Kosmos befragt, aber er hätte ihr keine klare Antwort geben können, obwohl seine Fähigkeiten ihm erlaubten, zwischen gestern und morgen hin und her zu pendeln.

Dieser Freund aus dem Kosmos wäre extra gekommen, um die Öffentlichkeit wach zu rütteln, denn, wie er sagte, sei es höchste Zeit, unser Bewusstsein und unseren Blick zu schärfen für die Sichtweise des außerirdischen Beobachters. Er sei ein Bote aus der anderen Welt, erzählte sie, der uns warnte und uns zeigte, dass wir so wie bisher nicht mehr weitermachen könnten, wenn wir überleben wollten.

Auch andere Freunde wurden regelmäßig von der Erde abgeholt. Manchmal, berichtete man, seien sie aus der Flugzeugtoilette direkt von einer wunderschönen Kosmonautin mit grünen Augen in ein Raumschiff geführt worden. –

Filme und Fotos wurden vorgeführt, auf denen Raumschiffe zu sehen waren. Manche Bilder zeigten dunkle und helle Flecken, auf einigen waren moppähnliche Gebilde zu erkennen. – Zweifel erfüllten mich, aber ich ließ eine Tür für neue Möglichkeiten offen.

Die Plejaden waren die Guten, die Grauen die Bösen.

Die Grauen, die Gegner der Plejaden, waren die, die nachts Menschen entführten, um die Organe zu untersuchen und sie zu quälen. Sie, erzählte man, bildeten eine negative Macht, die unsere Erde vernichten wollte und sich deshalb überall unter uns befinden würde.

Sie sähen aus, als hätten sie einen Eimer um ihren Hals hängen, berichteten die, die ihnen begegnet waren. „Blaubeeren wollten sie sicher nicht darin sammeln." Sollte ich, wie viele Menschen dieser Tage, darauf hoffen, dass die Plejaden mir ihre Hilfe und ihren Schutz anbieten würden? Sollte ich meinen Koffer packen für eine Reise im Raumschiff? Und die Grauen, würden sie mich, würden sie die Welt vernichten? – Vernichteten wir die Welt, unsere Umwelt nicht schon ohne sie?

Dieser neue Trend, sich mit außerirdischen Wesen zu beschäftigen, brachte in kürzester Zeit unzählige Bücher hervor, die, kaum auf dem Markt, sofort vergriffen waren. Die Esoterik hatte einen neuen Auftrag. Vorträge und Seminare begleiteten diese neue Sichtweise. Wissenschaftliche Arbeiten wurden mit Mystik und viel Phantasie umhüllt. So waren Wirklichkeit und Phantasievorstellungen nicht auseinander zu halten. Der Inhalt eines Prospekts klang etwa so:

Der Plejadenfreund ist eine außerirdische Kontaktperson zu den Plejaden und anderen hochentwickelten Rassen. Wir berichten über die Wahrheit geheimgehaltener Prophezeiungen für die Zukunft. Wirklichkeiten von bekannten historischen Persönlichkeiten werden besprochen. Das Thema beinhaltet auch die Aufklärung über aufsteigende Meister und bösartige Außerirdische.

Ich war verwirrt und der Esoterik müde. Ich musste dringend ausspannen.

Also fuhr ich zu meiner Freundin Berta, die das Wort Esoterik nur von mir oder aus der Zeitung kannte. Hier, wusste ich, konnte ich abschalten. Hier gab es keine Himmelsleiter, keine rosa Wolken und Heiligenscheine, nur den normalen Alltag, Kochen, Putzen, Ehekrisen. Die Kinder waren immer gut für ein Gespräch, wenn gerade keine Reise angesagt war, oder auch die Nachbarn nicht der Rede wert waren. Lachen, viel Lachen und Spaß haben, auch wenn es nur der blanke Blödsinn war, den wir ausheckten.

Nach vierzehn Tagen trieb mich dann doch wieder die Sehnsucht nach meinem „Edelstein", meinem zweiten Zuhause, heim. Jeden Tag nahm ich ein wenig Abschied und in Gedanken suchte ich die Steine aus, die mit mir gehen sollten.

Ted kam wieder in die Stadt. Er gab wie immer ein Seminar und hielt einen Vortrag. Der Vortrag, so erinnere ich mich, behandelte das Thema „Abschied, Ende, Neubeginn, Neuorientierung". Als Ted ging, sagte er: „Deine Zeit im Edelstein ist vorbei, du solltest jetzt die Freiheit genießen und nur noch fröhlich sein." Ich war ganz seiner Meinung.

Am nächsten Tag, offenbar zum richtigen Zeitpunkt, kam ein junges Paar vorbei und alles lief fast wie von selbst. Sie bekamen den Laden und meine besten Wünsche für weiterhin gute Geschäfte und liebevolle Kunden. –

Ein Kapitel meines Lebens fand seinen Abschluss.

Doch bevor ich mich nun ganz meiner fröhlichen Freiheit zuwende, wollte ich mit diesen Aufzeichnungen noch einmal einen Blick zurückwerfen auf diese bewegte, bunte Szenerie mit ihren liebenswerten, verwirrten und lebensklugen Menschen, die mich auf einem wichtigen Lebensabschnitt begleitet und geleitet haben.